le 25/12/2010

... pour te permettre de comprendre la

LE PARLER MARSEILLAIS

I.S.B.N. : 2-86276-090-0

ROBERT BOUVIER

LE PARLER MARSEILLAIS

Dictionnaire

Edition revue et augmentée

EDITIONS JEANNE LAFFITTE
MARSEILLE
1986

L'accent du pays où l'on est né demeure dans l'esprit et dans le cœur, comme dans le langage.

La Rochefoucauld.

PREFACE

Marseille est une ville faite de plaines, de collines, de villages, à la fois pays et civilisation à part entière.

Antique parmi les antiques, elle est née, non pas du sang de la haine comme Rome, mais d'un roman d'amour entre un navigateur phocéen, Protis, et une belle Ligure, Gyptis, fille d'un chef de tribu.

Puis, au fil des ans et des siècles, de campement en comptoir, de bastion en arsenal, de port en ville, Marseille devint le trait d'union entre l'Est et l'Ouest, la porte de l'Orient.

Ville faite de « briques et de broc », bruyante, sensuelle, bonne fille, familière, obstinée, elle a été évangélisée par les premiers disciples du Chrsit, Maximin, Madeleine et Lazare le ressuscité, mais symbole aussi de sa tolérance : toutes les religions du monde, sont ici représentées.

Marseille c'est aussi, tout à la fois le soleil, le vent, la conquête de la nature, la richesse fragile, la fidélité parfois maladroite, le souffle de la liberté, les triomphes, la gloire, les drames, les plaisirs, les vices, l'intelligence, le travail, la vertu, la misère, les rires, l'ombre et la lumière. Mais pas n'importe quelle lumière. Elle est ici pleine d'allégresse et donne aux choses de la vie et à ses gens une dimension supplémentaire, à chaque heure renouvelée...

Marseille c'est encore de l'impénitence et de l'impertinence, mais aussi une philosophie qui va du « pied d'égalité » au « mettez-vous à l'aise », en passant par toutes les clés de la sagesse. Ici, en bon humaniste, il est admis, comme normal, que chaque chose ait son contraire.

Ruffi, un de ses fils, historien, eut un fort joli mot pour parler du passage du roi François le Premier : « Il partit de Marseille et s'en alla... en France... ». Marseille, ville-patrie, était déjà bien vivante. Hier c'est d'ici qu'on partait conquérir le monde. Aujourd'hui, c'est lui qui l'a choisie comme... résidence secondaire. Pour se comprendre, outre les langues phoniques et gestuelles de la planète, que parle-t-on « en plus ici » ? le marseillais. C'est un langage savoureux, chaud au cœur, fort à l'esprit, il ressemble à ces alcools parfumés aux fleurs des garrigues avec un goût dominant certes, mais aussi de nombreuses harmoniques. « Parler, chanter et vivre » sont, dans cette ville, indissociables. Pendant longtemps le véhicule de la pensée de notre beau pays « qu'on se l'aime tant tous » comme dit une chanson, fut le provençal, jusqu'à ce que les beaux messieurs de Paris obligent – c'était au début du siècle – les enfants de Méditerranée à parler le français de France.

Alors les Marseillais apprivoisèrent, peu à peu, avec beaucoup de malice cette nouvelle langue venue d'ailleurs avant d'en faire la leur. A court de vocabulaire, ils « marseillisèrent » un grand nombre de mots venus de Paris, ils francisèrent des tournures grammaticales provençales ou bien alors ils transformèrent carrément la signification d'un terme.

Et puis, il y a eu encore l'apport linguistique constant des communautés étrangères s'installant sur les bords du Lacydon, toujours basé sur le même principe. Voici l'histoire, dans ses grandes lignes, de cette langue si imagée, agile d'esprit créateur.

Beaux parleurs, les habitants d'ici, surtout les femmes, osons le dire, sont, en règle générale, de vraies bazarettes (voir ce mot en page intérieure) et les mots et les expressions sont en perpétuel mouvement ; ce que vous trouverez dans les pages suivantes c'est la langue marseillaise au cours du jour, si j'ose dire, celle des rues, des places, des avenues, des quartiers.

Elle est si vraie, si juste, si pleine de vitalité que l'argot « national » et le français moderne nous ont emprunté, mais ne nous rendent pas bien, des mots tels que : tronche, tambouriner, gaffe, baffe et tant d'autres.

Cet ouvrage de Robert Bouvier ce n'est pas un savant dictionnaire ou une autre œuvre sévère d'érudition, c'est un passeport quotidien pour entendre, comprendre et communiquer avec les « otres » de Marseille.

L'écriture de cette lanque est plus simple que le français. Tout ici est dans la prononciation, dans « l'assent » qui peut être à la fois tonique, tendre, viril, gouailleur, triste, amusé, amusant, claironnant, etc. Par exemple un gàrri se dit bien gààaari.

Chèchou : chèèè chou. Essayez une fois et vous ne l'oublierez jamais.

En résumé, le marseillais c'est, à tout âge, de l'or dans la voix et de la poésie plein la tête. C'est de l'amitié pleine de cœur...

André BORETTI.

DEDICACE

A la question : pourquoi ce glossaire ? Il m'est facile de répondre : parce que la deuxième ville de France, la plus ancienne aussi, avec son million d'habitants, ses légendes bonnes ou mauvaises et son caractère unique, mérite qu'on s'attarde à ses particularités linguistiques.

La langue d'un peuple est inscrite dans sa culture ; elle en est le véhicule naturel, en même temps que le support de sa pensée et de sa sensibilité. A ce titre, Marseille, premier port français, est riche d'une expérience historique suffisamment éloquente et bruyante pour n'avoir pas à rougir de sa façon inimitable (quoique souvent et mal imitée, donc trahie) de parler.

Les Marseillais usent d'une langue fluctuante et bigarrée qui n'appartient qu'à eux, propre à donner le vertige à ce pauvre Vaugelas. Mais c'est ainsi !

Sous le joug rugueux et coercitif d'une monarchie pathologiquement centralisatrice puis d'une République qui se remet à peine de cette cuisante démangeaison, Marseille a dû très vite parler une langue étrangère : le français. Cette urgence imposée par des pouvoirs successifs et souvent éphémères a mis les Marseillais dans l'obligation d'improviser un nouveau langage, de s'inventer une autre façon de parler, peu conforme à leurs vieilles habitudes. De cette précipitation sont nés une syntaxe pittoresque et approximative, un vocabulaire exotique et imagé, l'originalité enfin d'une différence hétéroclite et fraternelle.

S'il est juste que les peuples sont aussi ce qu'ils disent, alors les Marseillais n'ont rien à envier à leurs voisins : ils sont couleur, mouvement, étonnement et musique.

C'est à eux, à eux tous, que je dédie ce modeste ouvrage, témoignage d'une respiration universelle.

R. B.

A

Accident

Nom masculin français qui s'emploie par délicatesse pour dire d'une femme qu'elle a fait une *fausse couche,* de préférence « accidentelle ». C'est ainsi qu'on dira bien : « Cette pauvre Fifi, elle a pas eu de chance, elle a eu un accident ».

Adieu

Interjection française que l'on emploie pour un départ plutôt définitif, sans espoir de retour. Mais curieusement, dans le parler de Marseille, s'emploie tout aussi bien pour saluer une connaissance que l'on rencontre : « Adieu, tu vas bien ? ».

C'est donc une autre façon de dire bonjour. On l'utilise également pour exprimer un regret : « Tu as vu, tu t'es encore fait une bougnette, adieu le costume ! ». Forme provençale : *Adiéu.*

Agachon

Nom masculin formé du provençal : *agachoun,* cabane de chasseur. Etre à l'agachon, c'est être aux aguets, surveiller, épier ou simplement être sur ses gardes : « Depuis qu'il a reçu une lettre anonyme lui disant qu'il est cocu, il est à l'agachon, faut voir ça ! ».

Aganter

Verbe de structure française tiré du provençal ; *aganta,* attraper : « Cette andouille, il s'est fait aganter par les condés ». Les policiers lui ont mis la main dessus.

Agassins

Nom masculin pluriel tiré du provençal : *agacin,* cor au pied. Par extension s'applique aux pieds en général, surtout dans la locution : marcher sur les agassins. Par exemple : « Oh, dis, oh, pousse-toi, que tu me marches sur les agassins ». D'où la formule comique : agacer les agassins, au sens d'importuner.

Aï

Nom masculin provençal : *âne,* qui se dit aussi *ase.* Entre dans diverses locutions au sens de têtu : « Quel aï ! ». Ou encore : « Dis, tête d'aï, tu fais un peu ce qu'on te dit, oui ? »

Pire : *tronche d'aï.* Et, plus fort encore : *con d'aï.* Ainsi : « Oh, con d'aï, tu t'amènes ? ».

Aïet

Nom masculin provençal : *ail.* S'emploie plaisamment : « Té, passe-moi un peu d'aïet, vaï ! » Certains l'emploient pour aïoli.

Air

Nom masculin français. Fidèle transcription du provençal : *èr,* qui veut dire exactement la même chose. On le trouve dans l'expression « avoir d'air de quelqu'un : lui ressembler. Exemple : « Le petit, qu'est-ce qu'il a d'air de son père » !

Alibòfi

Nom masculin pluriel provençal désignant les testicules en terme grossier. Trouve son origine dans *alibou-fier,* nom provençal puis français du styrax, arbrisseau qui fournit un baume. Ses fruits ont été assimilés aux glandes génitales de l'homme dans la langue populaire : « Arrête de me gonfler les alibòfi ! ».

Amandons

Nom masculin pluriel qui trouve sans doute son origine dans une interprétation du français *amande.* On l'entend couramment dans l'expression : « Tu me casses les amandons ». Etant donné la forme du fruit de l'amandier, on voit clairement de quoi il s'agit.

Anchois (Yeux bordés d')

Expression de structure française pour parler de quelqu'un dont le bord des yeux, autour des paupières, est rouge à cause de la fatigue : « Va te coucher, va, que t'as les yeux bordés d'anchois ».

Avoir le *cul bordé d'anchois,* c'est avoir une chance inouïe.

On dit aussi : le cul bordé de nouilles.

An pèbre

Locution provençale formée des mots *« an »* et *« poivre ».* S'emploie pour désigner une localisation chronologique quasiment impossible : « Ma voiture, elle date de l'an pèbre » signifie clairement que le véhicule en question n'a plus d'âge.

L'origine de cette expression est vraisemblablement liée à une terrible épidémie, la *pébrine,* qui, en 1848, causa des ravages sans précédent dans les élevages de vers à soie du Midi de la France, et plus particulièrement dans les Cévennes et la Provence.

Le nom français de pébrine est tiré du provençal *pebre,* car la maladie se caractérisait par de petits points noirs, comparables au poivre moulu. Il faut croire que c'est en référence à cette catastrophe économique qui ruina quantité de sériciculteurs et marqua fortement les esprits que l'on doit la naissance et le succès de cette locution. Même si le rapport avec l'événement qui l'a suscitée s'est souvent perdu dans les méandres de la mémoire.

Aquèst'àco

Interjection formée de deux démonstratifs provençaux correspondant au français : *ce* et *ça.* Equivaut à : ça alors ! Ou encore : alors oui, il ferait beau voir !

Exemple : « Il est revenu ? Aquèst'àco ! ». On trouve aussi : *aqueù d'àco !*

Arapède

Nom féminin d'origine provençale qui désigne un mollusque particulièrement difficile à arracher de la paroi rocheuse où il a élu domicile. Traiter quelqu'un d'arapède, c'est tout simplement lui reprocher de coller d'un peu trop près, au propre comme au figuré : « Zézette, je l'ai laissée tomber, elle commençait à être un peu trop arapède ».

Armoire à glace

Ce groupe de mots se retrouve dans l'expression locale : *donner un coup de pied à l'armoire à glace,* que l'on emploie pour signaler que quelqu'un s'est mis sur son trente-et-un, s'est paré de ses plus beaux atours : « Putain ! T'as vu le Dédé, comme il est sapé ? Il a donné un coup de pied à l'armoire à glace ! ».

Avant l'apparition de ce meuble, on disait en Provence, au siècle dernier : donner un coup à la garde-robe.

A noter que l'expression *armoire à glace* pour désigner un individu fort et solidement charpenté, appartient au français populaire.

Arranger

Verbe français employé à Marseille sous une forme pronominale n'ayant pas le même sens qu'en français. On dira à un enfant de s'arranger pour qu'il ajuste son vêtement : « Arrange-toi un peu, sinon le maître il va te crier ».

Autrement

Adverbe français employé dans la formule : « Et autrement, comment ça va ? » Correspond à : *et à part ça ?*

Avancer (s')

Verbe français pronominal que les Marseillais emploient pour : *se hâter :* « Allez, petits, avancez-vous qu'on va être en retard ».

Dans une chanson traditionnelle, on trouve : « venès que l'ourou s'avanço », soit : faites diligence, l'heure tourne.

B

Bàbi

Nom masculin provençal signifiant *crapaud, dadais.* Quoi qu'il en soit, il n'était pas flatteur pour ceux à qui il s'adressait puisqu'il désignait il n'y a pas si longtemps encore, les Marseillais d'origine italienne.

« Dans mon quartier, tè, c'est plein de bàbi ». S'emploie encore, mais a perdu sa charge dévalorisante.

Bacala

Nom masculin à partir d'une déformation du mot provençal : *bacalaù,* merluche. On l'utilise volontiers pour signaler la maigreur d'un individu, homme, femme ou enfant : « Zézette, depuis qu'elle a été malade, c'est un vrai bacala ! ».

Bacèu

Nom masculin provençal désignant le *battoir* dont se servent encore certaines lavandières de village. Le battoir étant fait, comme son nom l'indique, pour battre, le *bacèu* est un violent coup porté au visage : « Tire-toi de là, que je te tire un bacèu que la tête elle va te virer ! ».

Bada

Nom masculin provençal que l'on entend souvent chez les petits commerçants : « Dis, petite, tu me fais pas le bada ? » demandera la cliente un peu près de ses sous. Ce qu'elle veut, c'est qu'on lui rajoute un peu de marchandise pour le même prix. Vieille tradition marseillaise.

Bader

Verbe francisé à partir du provençal : *bada,* béer. Bader, c'est regarder stupidement, la bouche ouverte. Mais c'est aussi admirer avec amour : « Nine, son Charlie, t'as vu comme elle le bade ? ».

Bàfi

Nom d'origine italienne désignant les *moustaches.* De la graphie transalpine, un F est tombé mais la prononciation insiste toujours aussi lourdement sur la première syllabe : « Ton grand-père, il a des bàfi, on dirait un guidon de vélo ».

Balalin-balalan

Onomatopée provençale dont on use pour exprimer le *balancement : « A force de faire balalin-balalan sur ta cadière, tu vas bien finir par me la casser ».* A noter que la troisième syllabe de balalin se prononce : *linn.*

Balès

Nom masculin qui s'applique à un *homme fort* au plan physique, ou intellectuel, car on peut être un balès dans ses études ou dans son travail : « T'es balès, toi en anglais ? » demandera un élève à son condisciple.

Dans les deux acceptions, correspond à : costaud.

Le *balès* désignait jadis l'instituteur : « Mèfi, si le balès, il te voit, il va pas te manquer, tè ! ».

Balètti

Nom masculin typiquement marseillais servant à désigner les *petits bals populaires,* quand il en existait encore. Mais les càcous, lorsqu'ils vont en discothèque, n'hésitent pas à employer encore ce mot : « On va au balètti, demain ? ».

Ballon

Nom masculin français, synonyme typiquement marseillais de *football* et de *stade* : « Le petit, il est en pleine forme depuis qu'il fait du ballon ». Ou bien encore : « Tè, dimanche, s'il fait beau, on va au ballon ».

Banaste

Nom féminin d'origine provençale dont la traduction est : *panier.* S'utilise fréquemment comme insulte pour parler de quelqu'un de plutôt lourd ou de borné : « Le cousin de Zize, c'est une vraie banaste ».

Il existe aussi le diminutif : *banaston,* plus gentil.

Baou

Nom masculin, orthographe phonétique du mot provençal *baù,* qui désigne le sommet rocheux d'une montagne, en forme de pic. Terme de géographie locale.

Baptiser

Quand, à Marseille on ne change pas les draps d'un lit, on se contente de les asperger d'eau pour les défroisser : « Ce matin, j'ai pas eu envie de faire la chambre à fond, j'ai juste baptisé les lits ».

Barjaquer

Verbe d'origine provençale : *barja,* qui a donné sous une forme française : barjaquer. Dire de quelqu'un : « Il barjaque c'est tout ce qu'il sait faire », c'est l'accuser de bavarder sans trêve et de se contenter de cette activité exténuante pour les autres.

Bartavelle

Nom féminin ; oiseau ressemblant à la *perdrix.* Les Marseillais doivent la confondre avec la pie, puisqu'ils s'en servent pour désigner une personne au bavardage incessant : « Celle-là, qué bartavelle, je te jure ! ».

Bastide

Nom féminin, du provençal : *bastido,* construction (bâtie). Désigne les grandes maisons de campagne que les bourgeois s'étaient fait construire dans les environs de Marseille. A conservé son sens de grande et solide demeure : « Ils se sont acheté une bastide, que je te dis que ça ». Diminutif : *bastidon.*

Bastonner

Verbe français tiré du substantif provençal *bastoun,* bâton. En français classique, signifie : donner des coups de bâton, châtiment réservé à la roture d'ancien régime. A survécu localement dans une acception argotique : donner une râclée : « Elle te l'a bastonné, c'était pas triste ». Pronominalement, le verbe indique un affrontement : « Les jeunes du quartier, hier soir, ils se sont bastonnés comme des chiffonniers ». Dans le même sens, on trouve le substantif : bastonnade.

Intransitivement, bastonner, c'est mettre le paquet : « Les joueurs, ils ont bastonné au stade, qué merveille ! ».

Bataclan

Nom masculin provençal qui désigne un *grand nombre de choses.* D'une coquette ployant sous le poids de ses joyaux, on dira volontiers : « Celle-là, elle va mourir étouffée sous son bataclan ».

A la place, le français dit : le *saint-frusquin* qui, d'origine provençale lui aussi, désignait essentiellement les vêtements. L'argot national en a tiré : frusques, vêtements usagés ou de peu de valeur.

Bazarette

Nom féminin formé à partir du verbe provençal : *basaruta,* jacasser, parler d'abondance. S'applique surtout aux femmes au bavardage incessant et souvent malveillant : « La cousine à Zé, c'est une bazarette pas possible ! ».

S'identifie à : commère.

Bè

Interjection provençale, transcription de : *bien !*

S'emploie dans plusieurs situations : pour exprimer une certitude : « Bè, bien sûr qu'il travaille bien à l'école, le petit ». Ou l'étonnement : « Bè... qu'est-ce que tu fais ? Tu te prépares pas ? ».

Enfin l'hésitation : « Bè, tu sais, je sais pas trop si ça va marcher ».

Prédécé de *Hè,* il traduit le français : eh bien ! mais souvent avec une nuance de lassitude : « Hè bè, il est encore là ? ». Ou de déception : « Hè bè, il a osé te parler comme ça ? ».

Beau

Adjectif employé dans le sens d'aimable ou cher, avec une nette nuance de familiarité : « Tu vas bien, mon beau ? » « Oui, ma belle ».

L'avoir belle, c'est se la couler douce : « Ils l'ont belle, les fonctionnaires ». Sous-entendu : la vie.

Beaucoup

Adverbe dont l'emploi devant un adjectif est banni sans appel par la grammaire française, sauf devant : moindre et meilleur. A Marseille est très souvent utilisé pour *« très »* sans doute parce que le provençal « forço » possède ces deux significations, tout comme d'ailleurs l'italien « molto ». Il n'est pas rare d'entendre : « Il fait beaucoup froid », ou : « Le collègue à Loule, il est beaucoup brave ».

Bèbe

Nom féminin d'origine provençale : *bèbo,* moue. En bon français, faire la bèbe, c'est plus que faire la moue, c'est franchement « faire la gueule ». Exemple : « Qu'est-ce qu'il a ton cousin, à toujours faire la bèbe ? ».

Bédélet

Nom masculin d'origine provençale qui désigne la panse. Quand on a un peu trop bien mangé, on peut s'en tirer, pour faire plaisir à son hôte, par un généreux : « J'ai mangé à m'en faire péter le bédélet ».

Un rire excessif peut voir la même conséquence.

L'expression : *se crever le bédélet,* indique qu'on a fait des efforts surhumains : « Et dire que je me suis crevé le bédélet pour te payer des études ! ».

Belsunce

Nom propre, patronyme de l'évêque de Marseille qui, durant la terrible peste qui ravagea la cité en 1720, fit don de tous ses biens pour venir en aide à ses compatriotes. Une statue de bronze vert représente aujourd'hui le saint homme, devant la cathédrale de la Major, les mains ouvertes en signe de prière. Mais les Marseillais ont inventé, à partir de cette attitude, l'expression : arriver comme Belsunce, c'est-à-dire les mains vides, chez quelqu'un dont on est l'invité : « Mon patron, c'est pas qu'il est pas brave, peuchère, mais il arrive toujours comme Belsunce ».

Bendèu

Nom masculin provençal formé à partir du verbe : *benda,* tendre (bander en français). Désigne proprement une gifle magistrale : « Tu vas voir le bendeù que tu vas te prendre si tu continue à crier ! ».

Bertrand

Nom propre que l'on rencontre dans une locution fort répandue dans le Midi et particulièrement à Marseille : « Fais du bien à Bertrand, il te le rend en caguant ». Cette formule triviale s'emploie pour stigmatiser l'ingratitude dont on peut être amené à se plaindre. En fait, le joyeux esprit des Marseillais a transformé ce qui, à l'origine, était : « Fais du bien à Bertrand, il te le rend en chargeant » c'est-à-dire en accablant. Mais l'astuce consistait à faire tomber le R du participe provençal : *cargant.*

Bestiasse

Augmentatif du provençal : *bèsti,* bête. On s'en sert pour se moquer de quelqu'un de stupide ou simplement d'un peu trop candide : « Il y a dit qu'il se la marierait, et cette bestiasse, elle l'a cru ». Même forme au masculin : « Qu'il est bestiasse ! ».

Biais

Nom masculin d'origine provençale qui a perdu sa prononciation spécifique au profit du français. Il signifie : *façon,* manière dans la pratique : « Ta sœur, sas ! elle a le biais pour virer la tête des hommes ». En clair, elle sait y faire, elle connaît tous les artifices de la séduction.

On peut avoir le biais pour faire la cuisine, pour parler aux gens, mais souvent avec une notion ironique qui veut dire qu'on les vexe : « Y a pas à dire, tu as le biais, toi, pour dire des choses aimables ! ».

Biasse

Nom féminin d'origine provençale : *biasso,* besace ou repas froid que l'on emporte : « Petits, si vous allez à la mer, demain, n'oubliez pas votre biasse ».

Bicou

Interjection dont l'origine paraît assez obscure. Il semblerait toutefois qu'on puisse le prendre pour un synonyme de *poutoun,* le baiser. S'emploie très souvent pour aborder quelqu'un que l'on connaît et lui témoigner son amitié : « Oh Bicou, qu'est-ce que tu me racontes ? ». On trouve, plus gentil encore, le diminutif : *bicouli.*

Bidonas

Nom et adjectif formés sur l'argot français : *bidon,* pas sérieux, fantoche, incapable. Avec sa finale en « as », le Marseillais dit plus : « C'est pas à un bidonas pareil que je confierais mes économies ». Le bidonas, c'est aussi le frimeur, dont on retrouve l'étymologie dans l'italien : *bidone,* même sens.

Bigourelle

Tiré du provençal *bigourello,* couture grossière. On le dit encore souvent par moquerie sans malice : « Tu vas pas sortir comme ça ! T'as vu ta robe, hein, tu l'as vue ? Une vraie estrasse ! Chais pas, moi, fais-y au moins une bigourelle, ça marquera moins mal ! ».

Bille

Abréviation de l'argot national : bille de clown, imbécile. Se rencontre essentiellement dans la locution : prendre pour une bille, se moquer, railler, abuser de quelqu'un : « Tè, je m'en vais, j'en ai assez qu'on me prenne pour une bille ».

Biscanti

Locution adverbiale provençale correspondant bien au français : *de travers,* mais seulement au figuré, que l'on emploie pour dire que les choses ne vont pas comme elles devraient aller : « En ce moment, tê hè, j'ai rien qui marche droit, j'ai tout qui va de biscanti ».

Appliquée aux personnes, l'expression indique qu'elles sont mal dans leur peau, pas très à l'aise : « Depuis que sa petite elle est partie avec un autre, il est tout de biscanti, peuchère ! ».

Chercher des biscanti, c'est chercher querelle.

L'étymologie est à prendre dans le verbe *biscanta,* biner (du latin *binare :* faire deux fois).

Bisquer

Verbe de structure française à partir du provençal : *biscaire,* éprouver du dépit. Le terme francisé a gardé son sens étymologique : « Tè, on va le faire bisquer, ça lui apprendra ».

Blaguer

Aux sens : raconter des histoires difficilement croyables, se moquer gentiment, de ce verbe populaire français, les Marseillais en ont ajouté deux autres : bavarder, faire un brin de conversation, et parler d'abondance. Ainsi : « J'ai rencontré mon beau-frère, et on a un peu blagué ». Deuxième acception : « Les femmes, elles blaguent, elles blaguent, comme si le dîner, il se faisait tout seul ».

A donné le substantif : *blagaïre,* qui parle volontiers : « Ces deux-là, qué blagaïres !".

Blanquinas

Augmentatif de l'adjectif provençal *blanc.* S'emploie par moquerie pour signaler la pâleur excessive d'un individu : « Y en a, ils vont à la mer, ils sont blanquinas comme des cachets d'aspirine ».

Bòfi

Nom masculin provençal très proche de la transcription française : *bouffi.* Ne s'emploie qu'à l'adresse des humains : « Ton frère, qu'est-ce qu'il a grossi, ces temps-ci, c'est le vrai bòfi ! ».

Bogue

Nom masculin provençal désignant un petit poisson aux yeux globuleux. Quand un garçon pose avec une trop grande insistance ses yeux sur une jeune fille qu'il trouve à son goût, celle-ci peut très bien lancer à la cantonade, pour être tout de même sûre qu'il entende : « Qu'est-ce qu'il a à me regarder comme ça, çui-là, avec ses yeux de bogue ! ».

Bòmi

Nom masculin provençal désignant la *vomissure.* On l'entend souvent de la part d'une personne se plaignant de quelque chose qui la gêne : « J'ai vu un accident, tu aurais vu ça, ça m'a donné le bòmi ».

Avoir le bòmi, c'est avoir mal au cœur, la nausée.

Bonjour (lever le)

Quand on a décidé de ne plus adresser la parole à quelqu'un dont on estime qu'il s'est mal conduit à notre égard, on utilise volontiers cette formule très imagée : « Après ce qu'il m'a fait, j'y ai levé le bonjour ».

Boquer

Verbe argotique vraisemblablement tiré de « prendre un bock » au sens de perdre la face, essuyer un blâme surtout en public : « Elle l'a fait boquer devant tout le monde ». D'où, se sentir gêné à la suite d'un échec : « Il a voulu nous épater, mais ça n'a pas marché ; qu'est-ce qu'il a boqué ! ».

Bordille

Nom féminin d'origine provençale *(bordiho)* signifiant : détritus. Au pluriel, on l'emploie pour désigner le contenu des poubelles : « Tè, puisque tu descends, sois brave, descends-moi les bordilles ». Mais au singulier, c'est une injure grave. Quiconque aura été victime d'une perfidie pourra se plaindre de l'auteur du délit : « Celui-là, qué bordille ! ». A noter que l'insulte peut s'appliquer à tout être humain qu'il soit homme ou femme. Surtout en renchérissant : *bordillasse.*

Borgnette

Nom féminin provençal francisé. On le trouve dans l'expression « regarder à la borgnette », soit regarder dans un coin mal éclairé. Par extension, c'est aussi regarder en cachette, en catimini : « Regarder une petite à la borgnette », c'est la dévisager à son insu.

Botte (Adieu)

On forme un projet, on commence à le réaliser et soudain tout s'écroule, les choses se passent autrement, l'issue de l'entreprise est compromise, contrariée, négative. Alors on s'écriera : *adieu botte !* Un peu comme le vers de La Fontaine : adieu veaux, vaches, cochons, couvée : « Mon oncle m'avait laissé espérer que j'hériterais de son maset (petit mas), et puis tè, adieu botte, y m'a laissé qu'un cabanon qui tient plus debout ».

Cette curieuse expression n'est pas le fait du hasard. Il existait dans le quartier du Panier, au siècle dernier, un brave savetier du nom de Garigues, jovial et ivrogne en diable. Il répétait à l'envi : « Moi, je finirai qu'on me trouvera mort en train de réparer une paire de bottes ». La formule amusa les gens du quartier et bientôt, Garigues ne fut plus appelé que Botto (botte en provençal). Quand on le rencontrait, on le saluait d'un moqueur : adiou, Botto ; adiou étant la forme marseillaise de « adièu », qui veut dire à la fois bonjour et au revoir.

Le pauvre Botto mourut vers 1840, et non point le tranchant (du savetier) à la main. Au passage du modeste convoi funèbre, les gens se découvraient, se signaient et lançaient un ultime : « Adieu Botto ».

Boudenfle

Nom masculin d'origine provençale : *boudènfla,* qui veut dire orgueilleux. S'entend souvent dans la bouche de quelqu'un qui ne supporte pas l'orgueil démesuré d'une autre personne : « Fifine, qué boudenfle depuis qu'elle s'est marié un docteur ».

Boudie

Interjection d'origine provençale à partir des mots *Boun Dieù* (Bon Dieu). S'emploie pratiquement dans toutes les situations : la joie, la peine, la surprise, la déception. En voici plusieurs exemples : « Boudie qu'il était beau, ce film ». — « Oh, boudie mais tu es pas encore parti ? » — « Boudie qu'il fait froid ! ».

Boudin

Nom français qui, bien que masculin, ne s'adresse qu'aux dames. Et en particulier à celles qui ne sont pas avares de leurs charmes ou encore à celles qui ne sont pas spécialement jolies. Dire d'une femme que c'est un boudin, c'est ou lui reconnaître peu de vertu ou la traiter franchement de laideron : « Qué boudin, celle-là, tout le quartier y est passé dessus ».

On dit aussi : boudin électrique. Et *boudinas,* plus fort.

Boufarèu

Nom propre provençal. C'est celui de l'ange qui, dans la crèche, a les joues gonflées parce qu'il souffle dans la trompette. Le mot vient du verbe provençal : *boufa,* souffler. Quand il y a beaucoup de vent, il n'est pas rare d'entendre dans les rues de Marseille : « Qu'est-ce qu'il boufe, aujourd'hui ! ». Boufareù se dit bien de quelqu'un dont les joues arrondies sont la preuve d'une excellente santé et d'un poids en conséquence : « Dis, ma nine, qu'est-ce qu'il est beau, ton petit, c'est un vrai boufareù ! ».

Boufe

Du provençal *boufo,* soufflet, gifle : « Il te lui a envoyé une de ces boufes, que si la tête elle lui a pas viré, c'est qu'elle est bien vissée ! ».

Bouffon

Nom masculin français qui, à Marseille, s'emploie dans le sens de *matamore,* bravache, frimeur. Le bouffon, c'est celui qui veut faire croire qu'il est le plus fort, qu'il est bourré d'argent ou encore qu'aucune femme ne lui résiste : « Toinou, il a un collègue de travail, tu peux pas savoir comme il est bouffon ! ».

A donné le verbe *bouffonner :* « Moi, je le crois pas qu'il fréquente la petite Mireille, je suis sûr qu'il bouffonne ! ».

Boufigue

Nom féminin à partir du provençal : *boufigo,* vessie, ampoule, bulle. S'emploie plaisamment pour parler d'une enflure sur le corps. Par exemple, de quelqu'un dont la joue est gonflée à cause d'une rage de dents, ou dont le bras a été piqué par un insecte, on dira bien : « Il se tient une boufigue, le pauvre ! ».

Bouger (ne pas)

A toutes les acceptions françaises de ce verbe, le Marseillais en a ajouté une où, uniquement employé à la forme négative, il signifie *ne pas changer :* « Mon Dieu, dis, tu devineras jamais qui j'ai rencontré ce matin ! Simone, oui ! Ça fait au moins dix ans qu'on s'était pas vues, hè bè, si tu la voyais, toujours la même, elle a pas bougé ! ».

Curieusement, dans l'usage, on ne rencontre jamais la forme active pour exprimer le contraire.

Bougnette

Nom féminin d'origine provençale : *Bougnèto,* beignet, puis tache d'huile. Désigne les taches que l'on peut se faire, surtout en mangeant : « Ouh là-là, ce petit, il me rendra malade ! Il peut pas faire un repas sans se faire des bougnettes ! ».

A donné l'adjectif *bougnetous,* coutumier de se faire des bougnettes : « Oh ! bougnetous, t'as vu ton pantalon ? ».

Boule

Avoir la boule, c'est être inquiet, anxieux, comme si une boule entravait la gorge : « Demain, je dois aller à mon docteur, et j'ai déjà la boule ». Plus généralement, correspond au fait d'être contrarié. A différencier de l'argot moderne *avoir les boules,* plus fort, pour dire qu'on est près d'éclater.

Bouléguer

Francisation du verbe provençal *boulega,* bouger, utilisé au même sens que le français classique ou argotique : «Oh, dis, t'arrêtes un peu de bouléguer, que tu me donnes le tournis ». Aussi : « Tu vas voir si je vais te le bouléguer, moi, ce feignantas ! ».

La première personne du pluriel de l'indicatif présent *boulegan* est souvent confondue avec l'impératif, pour inviter à agir : « Prouvençau, boulegan », Provençaux, bougeons-nous, passons à l'action, réveillons-nous, est un slogan revendicatif.

Boumian

Nom masculin provençal : *bohémien.* A gardé un sens péjoratif. Le boumian, c'est un peu le clochard, celui qui n'est pas très bien habillé : « Tu le laisses aller comme ça, ton fils ? Mais on dirait un boumian ! ».

Bourrer (se)

Verbe français utilisé dans le sens de : *se goinfrer.* On peut dire : « Tu devrais pas te bourrer comme ça, tu vas être malade ».

Bourrin

En argot français, le bourrin, c'est le mauvais cheval. L'application de ce vocable à un individu malhabile, peu doué pour les opérations tant intellectuelles que manuelles, s'entend donc d'elle-même : « Qu'est-ce que tu veux que je fasse avec une équipe de bourrins pareils, tu leur expliques cent fois la même chose, ils comprennent rien ! ».

Bout d'an

Groupe provençal auquel on accole l'adjectif français : bon. S'emploie les tout derniers jours de l'année ; correspond à : bonne fin d'année. Le soir du 31 décembre, les Marseillais se quittent sur un joyeux : « Allez, bon bout d'an, et à *l'an qué ven* » (à l'année qui vient, qui s'annonce).

Boutis

Adjectif provençal : *creux.* S'emploie comme injure pour les homosexuels : « Eh, pousse-toi de là, espèce de boutis ».

Brailles

Nom féminin pluriel qui vient du provençal : *bràio,* lui-même transcription des « braies », que portaient les Gaulois. Les brailles, ce sont essentiellement les pantalons, mais dans un sens moqueur ou péjoratif : « Ton frère, il a de drôles de brailles ».

De là viennent : *débraillé* (avoir les vêtements en désordre) et *s'embrailler,* ajuster ses vêtements : « Tu peux pas t'embrailler un peu, non ! ».

A donné *cague-braille,* pantalon trop large et pendant entre les jambes.

Braillette

Nom de structure française, déformation locale de *braguette,* dont il signifie la même chose.

Dire d'un homme qu'il n'a rien dans la braillette, c'est le traiter de lâche, comme en français : n'avoir rien dans le pantalon.

Bramer

Le verbe provençal *brama,* braire, a donné *bramer* en français classique pour définir le cri du cerf et du daim. En marseillais, bramer s'emploie de façon argotique pour : pleurer trop, geindre, le premier pour un enfant, le second plus précisément pour un adulte : « Le minot, il a bramé toute la nuit, j'en peux plus », et : « Ta mère, de bramer du matin au soir, elle me gonfle ».

A donné le substantif : *bramaïre,* que l'on emploie dans les différentes acceptions du verbe.

Bras-cassé

Groupe masculin français dont la signification locale est : paresseux. S'applique parfaitement à tout individu peu enclin au travail, qui renâcle à la tâche. On l'emploie souvent collectivement : « Tè, vé, Loule et son équipe de bras-cassés ».

Brave

Adjectif qui, à Marseille, s'emploie tout autrement que pour courageux ou téméraire. Quand il fait un brave vent, cela veut dire que le vent souffle très fort. Ou encore : « Cette femme, c'est une grosse brave » c'est lui reconnaître de grandes qualités de cœur. Cet adjectif, en fait, peut être utilisé chaque fois que l'on veut grossir un fait ou l'exagérer : « Boudie, tu m'as fait une brave peur ». Correspond au français : sacré.

Dire de quelqu'un : « il est brave, peuchère ! » c'est l'excuser de sa niaiserie, mais de manière hypocrite.

Brègues

Nom féminin pluriel du provençal : *brègo,* mâchoire. S'entend fréquemment dans l'expression : faire les brègues. En français, « faire une tête de six pieds de long ». Ainsi : « Moi, ton niston, je le supporte plus, on a beau tout essayer pour le contenter, il fait toujours de ces brègues ! ».

Brêle

Ce mot légèrement injurieux aurait été ramené d'Afrique du Nord par les militaires ayant servi de l'autre côté de la Méditerranée, au temps de la colonisation. Etymologiquement, il désigne un *âne,* un mulet ; et au figuré une personne peu douée, peu soucieuse de la tâche qu'elle doit effectuer : « On peut rien lui confier, c'est une vraie brêle ».

On rencontre l'augmentatif *brélasse,* qui veut dire plus encore.

Brise-fer

Nom composé français invariable désignant une personne à qui rien ne résiste, au sens où elle détériore la moindre chose qu'elle peut être amenée à toucher. S'applique particulièrement aux enfants : « Ce brise-fer a encore cassé un verre ».

Brouméger

Forme locale du verbe provençal *broumeja,* jeter un appât. Se dit pour séduire, charmer et circonvenir : « Il est brave, Titin, mais qu'est-ce qu'il broumège, quand il veut quelque chose ! ».

Brousse

Nom féminin provençal francisé : *brousso,* lait caillé. La brousse c'est un fromage délicieux qui se consomme soit sucré soit salé. *Passer à l'heure des brousses,* c'est se présenter en retard, comme le lait qui a caillé (ou sûri) : « Il est encore arrivé à l'heure des brousses ! ».

Brousser

Tourner, en parlant du lait ou d'une préparation culinaire à base de lait : « Mes œufs à la neige, j'y arrive pas, ils font que brousser, qué misère ! ».

Bugade

Nom féminin provençal tiré de *bugàdo,* lessive. On l'emploie encore par ironie : « Je viens de me taper une bugade que j'en suis encore tout escagassée ».

Bugne

Nom féminin, déformation de l'argot français : beigne, gifle, lui-même diminutif de beignet. La bugne, c'est le coup appliqué à un objet : « Sa voiture, elle est pleine de bugnes ». A donné les formes pronominales : *se bugner,* se colleter, s'embroncher : « Les nervis se sont bugnés », « Je me suis bugné contre le réverbère » ; et *s'embugner,* se percuter, en parlant de deux véhicules : « Ils se sont embugnés dans le mur de l'église ».

C

Cabanon

Nom masculin d'origine provençale, diminutif de *cabane.*

Le cabanon désigne à l'origine ces frêles constructions que les Marseillais faisaient ériger un peu n'importe comment en bord de mer pour y passer les dimanches ensoleillés. On allait au cabanon comme on va aujourd'hui en résidence secondaire.

Cabas

Nom masculin provençal qui s'applique à un grand *sac de toile* ou de paille utilisé pour diverses courses. On le trouve également dans une locution peu flatteuse du genre : « Mon voisin, il est bien brave, mais c'est un vrai cabas ». Ce qui revient à dire qu'il est plutôt lourd.

Cacarinette

Nom féminin provençal francisé qui désigne la *coccinelle.* Se rencontre fréquemment dans l'expression : avoir des cacarinettes. Autrement dit : ne pas jouir de toutes ses facultés : « Chais pas ce qu'il a en ce moment, le Toine, il doit avoir des cacarinettes dans la tête ».

Le mot original s'écrit : *catarinèto,* déformation abusive du prénom Catherine ; diminutif : Catherinèto.

Cache-maille

Nom féminin de structure française mais formé à partir du provençal : *cacho-màio.* Si les petits Français d'au-dessus de la Loire confient leurs économies à une tire-lire, les enfants de Marseille glissent leurs pièces de monnaie dans une cache-maille : « M'an, tu crois qu'il m'apportera une cache-maille, le papa Noël ? ».

Càcou

Nom masculin d'origine provençale, déformation de *càcoua,* le cadet. Dans certains quartiers, désigne les jeunes gens aux allures un peu douteuses, ressemblant plus à des voyous par imagination que par vocation. On dirait aujourd'hui qu'il s'agit plutôt d'un look, d'une apparence : « Putain, ce jeune, qu'est-ce qu'il est càcou », dira la gamine admirative devant cet adolescent aux allures d'affranchi.

S'est modernisé en : *caque,* et *quèque.* Il est d'ailleurs intéressant de noter la similitude entre la forme « caque », vieux mot français désignant le baril dans lequel, déjà au XIVe siècle, on entreposait les harengs salés, et càcou, le personnage louche, un peu voyou sur les bords. D'autant qu'on retrouve, en argot national, le mot hareng pour : souteneur. Dire : ça sent le hareng, correspond à : cela m'a l'air bien mal famé, par ici. Or, la caque (le baril) gardait longtemps son odeur particulière de saumure. De là à en conclure qu'un rapprochement s'impose entre càcoua (cadet) et caque (baril), il n'y a qu'un tout petit pas.

Mais il existe d'autres possibilités, tout aussi séduisantes. Ainsi, on trouve un mot typiquement provençal : *càco,* qui désigne la lie (particulièrement de l'huile) mais aussi l'ordure.

Enfin, s'il faut en croire un certain Ollivier Chéreau, historien français ayant vécu au XVIIe siècle, les « dignitaires » de la Cour des Miracles s'appelaient les *cagous,* ce mot n'étant vraisemblablement qu'une importation d'origine méridionale.

Cadière

Nom féminin tiré du provençal : *cadièro,* chaise. Se dit souvent sous la forme francisée : « Tè, petite, passe-moi la cadière, que je suis complètement créba ».

Cafi

Adjectif provençal signifiant : *plein.* S'emploie dans plusieurs acceptions : un endroit cafi de mouches, ou encore un lieu cafi de monde : « A l'enterrement de ce pauvre Léon, c'était cafi d'amis ». On dit aussi : « Il est cafi de sous, qu'il sait plus quoi en faire ».

Cafoutchi

Nom masculin provençal qui désigne un endroit minuscule dans un logement. Par extension s'applique à tout lieu aux dimensions réduites, et souvent peu salubre : « Mais qu'est-ce que tu fais dans ton cafoutchi ! ».

On entend également : *cafoutche* et *cafouche.*

Cagade

Nom féminin d'origine provençale qui, après avoir signifié la défécation, a évolué vers un sens figuré pour désigner une grosse *bêtise :* « Robert, il veut se marier la petite Cathy, j'ai bien peur qu'il fasse une cagade ».

Cagadou

Nom masculin provençal dont l'étymologie est la même que pour le mot précédent. Le cagadou, c'est le *lieu d'aisances.* Pas besoin d'exemple, je crois, pour l'illustrer.

Cagagne

Nom féminin francisé à partir du provençal *caga,* déféquer. Pendant du français *diarrhée.* On l'emploie également au figuré pour exprimer une grande frayeur : « Il m'a surprise dans le noir que ça m'a foutu une de ces cagagnes ! ».

Caganis

Nom masculin provençal servant à désigner le *dernier-né* d'une famille : « Dis, fais un peut arrêter ton caganis, y me gonfle ». L'étymologie contient le verbe provençal : *caga* (déféquer) et le substantif *« anis »* que tout le monde connaît. Quand on saura qu'au siècle dernier on purgeait les nourrissons avec des grains d'anis, on aura compris pourquoi on les affuble encore de ce surnom qui peut aussi s'adresser avec malveillance à l'encontre d'un adolescent qu'on veut humilier.

Adressé à son propre enfant, conserve sa connotation affectueuse : « Où il est mon caganis ? » dira la maman en soulevant son bébé.

Cagarelle

Nom féminin d'origine provençale. La sonorité est charmante, mais la chose qu'il désigne l'est beaucoup moins. La cagarelle n'est rien d'autre que la diarrhée : « Ton petit, faut le mener au docteur, c'est pas normal, cette cagarelle ».

S'entend aussi pour qualifier une personne difficile à vivre : « Qué cagarelle, cette petite ! ».

Cagnard

Nom masculin qui désigne un lieu envahi par le soleil. Par extension, on l'applique au soleil lui-même quand il tape trop fort : « Tu vas pas aller là-bas à pied, avec ce cagnard ! ». A donné le verbe : *s'encagnarder,* lézarder au soleil.

Cagole

Nom féminin d'origine provençale. Désigne une fille de très petite vertu et de fort mauvaise apparence : « Celle-là, tu peux y aller, c'est une vraie cagole » veut tout dire. A l'origine, on trouve le mot provençal : *cagoulo,* cagoule, mais aussi *long tablier.* Les filles qui, au début du siècle, travaillaient dans les usines d'empaquetage de dattes étaient tenues, pour des raisons pratiques, de porter ces « cagoles ». Et comme à Marseille « travailler aux dattes » est une terrible malédiction, on en conclut que les salaires et les conditions de travail sont ou étaient il n'y a pas si longtemps encore, assez atroces. Il est donc possible que pour arrondir leurs fins de mois, les filles des dattes, jadis, vendaient leurs charmes.

Caguer

Verbe francisé à partir du provençal : *caga,* déféquer. S'emploie sous cette forme grossière dans tous les mêmes cas que le français : « Arrête, tu me fais caguer ». Au participe passé, prend le sens d'être mal à l'aise, n'être pas dans son assiette : « En ce moment, elle va pas bien, elle est toute caguée ». S'emploie aussi quand on veut dire qu'une initiative a tourné court ou que son issue est défavorable : . J'espérais bien être embauché, mais je sais pas pourquoi, ça a cagué ! ».

Autre sens : « Son travail, il s'en cague », il ne le prend pas au sérieux. Il s'en moque. Peut s'adresser à une personne : « Je m'en cague, de toi », tu n'as pas d'importance, tu peux aller au diable.

Caille

Nom féminin français désignant un oiseau comestible. Prend un tour affectueux et familier. Ce sont surtout les hommes qui l'emploient à l'adresse de l'être aimé : « Oh, caille, tu viens t'asseoir sur mes genoux ? ». Comporte une légère connotation canaille.

Calculer

Verbe français que les Marseillais n'utilisent pas uniquement dans son sens originel. Se dit souvent pour : réfléchir. « Tu viens au théâtre, ce soir ? » — « Attends, je calcule ».

Calignaïre

Nom masculin provençal francisé. Désigne les *amoureux*, ceux qui se font des *caligneries* (en français : câlineries) : « Ces deux-là, dira-t-on de deux tourtereaux, c'est des vrais calignaïres ».

Calu

Adjectif provençal que l'on entend fréquemment pour : *fou*, et un peu trop audacieux. Quand une fille dit : « Mais il est calu, ce jeune », on peut comprendre que le garçon a eu à l'égard de celle-ci une témérité excessive.

Canem

Diminutif familier de la *Canebière*, l'artère la plus populaire de Marseille : « Et si on allait faire un tour sur la Canem ? ». Ne pas confondre avec l'accusatif singulier de canis, le chien, en latin.

Canon

Nom masculin français qui, à Marseille, est aussi usité comme adjectif pour qualifier quelque chose de *grande qualité*, ou une personne (toujours une femme) à la plastique impeccable : « Le dernier film de Chose, qu'est-ce qu'il est canon ! ». Et encore : « Tu as vu cette fille comme elle est canon ! ». Enfin, substantivement : « Cette petite, qué canon ! ».

Capélan

Nom masculin provençal désignant le *curé* et par extension tous ceux qui font preuve d'un zèle religieux imparable : « Ton frère, qué capélan ! » peut vouloir dire que l'individu en question est un fidèle paroissien ou qu'il fait preuve d'une pudibonderie excessive. Le capélan c'est aussi un *poisson* de la Méditerranée très goûté des Marseillais.

Capeù

Mot masculin provençal signifiant : *chapeau*. Ne se rencontre que dans l'expression : l'as paga, lou capeù ? que l'on lance avec moquerie à celle ou celui dont le chef est couvert d'un bibi ridicule ou trop grand. C'est une façon de dire : ton chapeau, il est tellement moche qu'il n'est pas possible que tu l'aies payé. Tu as dû le trouver, ou alors, on t'en a fait cadeau !

Capoun

Interjection tirée d'un substantif provençal signifiant *fripon*. On l'utilise pour exprimer l'étonnement : « Capoun ! On m'a volé la voiture ! ». Souvent accompagné de : de boun Diéu.

Caramantran

Nom masculin provençal dont le sens original est le nom de *Carnaval*. Or, comme on le sait, carnaval est toujours représenté dans un habillement burlesque. Traiter quelqu'un de caramantran, c'est donc se moquer de ses oripeaux aux couleurs mal assorties : « T'as vu comme tu t'habilles ? On dirait un caramantran ! ». Le français *Carnaval* s'entend, dans le même sens.

Caraque

Nom féminin tiré du provençal : *caràco,* gitane. Jadis, les Bohémiens n'avaient pas très bonne réputation et leur nom était souvent associé à des images péjoratives : « Mèfi, c'est une caraque » s'employait pour parler d'un individu un peu trouble et même franchement douteux. On le rencontre aujourd'hui à l'adresse de quiconque est un peu ambigu sur ses moyens d'existence ou sa mise fantaisiste. On trouve l'augmentatif : *caracamougne.* Jadis on se méfiait comme de la peste de ces marginaux et, en les croisant, on se protégeait d'eux en leur lançant une méchante formule incantatoire : « Caracamougno, qué lou diable t'empougno ! » équivalent à : sale Caraque, que le diable se saisisse de toi ! ».

Carcan

Nom masculin français : *supplice* en usage au Moyen Age. En marseillais, désigne une personne insupportable, qui en fait voir de toutes les couleurs : « Je me demande comme elle fait pour se supporter ce carcan ! ». Se retrouve dans l'expression : *passer le carcan,* subir un calvaire, traverser de rudes épreuves : « Avec sa femme malade, il doit passer le carcan, ce pauvre Loule ! ».

Caresse

Nom féminin français à qui les Marseillais ont donné une signification particulièrement érotique. Quand une femme fait une caresse à un homme, cela veut dire qu'elle n'a pas froid aux... lèvres.

Cataplasme

Ce n'est pas seulement une préparation médicinale, mais aussi un bon à rien, un empoté : « Cui-là, dans le genre cataplasme, il est réussi ! ».

Cébette

Nom féminin formé à partir de *cèbo,* oignon. Désigne plus particulièrement de petits oignons que l'on mange en salade : « Pouah ! Quelle odeur ! Il a dû manger des cèbettes ! ».

Cèbe se rencontre aussi.

Chaler

Tiré du provençal *chala,* balancer, ce verbe s'emploie pour : transporter quelqu'un sur le porte-bagages de son deux-roues et, par extension, dans tout véhicule. S'emploie beaucoup dans le langage des jeunes : « Tu vas en ville ? Tu me chales ? ».

Chanu

Adjectif provençal qui sert à indiquer que telle chose est de la meilleure *qualité* possible : « Le dernier film de Chose, il est chanu ». Ou encore : « Ce type-là, dans son boulot, qu'est-ce qu'il est chanu ! ». En bon français, c'est un as, le meilleur.

Chapacan

Nom provençal qui servait naguère à désigner celui qui vivait du commerce des chiens qu'il attrapait dans les rues et revendait pour leur peau. C'était souvent un individu un peu marginal. Désigne bien quelqu'un sans grands scrupules et prêt à presque tout pour une poignée d'argent : « Cui-là, faut se méfier, c'est un vrai chapacan ».

Désigne également une personne mal habillée et négligée.

On entend aussi *chiapacan,* qui paraît étymologiquement plus juste. Surtout si l'on se réfère à la très logique explication de mon homonyme Jean-Claude Bouvier, pour qui le mot viendrait de l'italien *acchiapacani,* même sens que le marseillais chapacan ou chiapacan ; je le cite : « Acchiapacani désigne en Italie l'homme qui, dans une commune, capture et séquestre les chiens errants ». Et il précise que si en italien le groupe *ch* se prononce *k,* il en va autrement dans le nord, notamment au Piémont, dont le dialecte est très proche de l'occitan, et où le *ch* se prononce *tch,* ou *ch.*

Chaple

Nom masculin provençal à partir du verbe *chapla :* faire du tintamarre. On le trouve sous la forme « faire un chaple », faire un malheur, au propre comme au figuré : « Les jeunes, l'autre soir au balètti, ils ont fait un chaple ! » C'est-à-dire qu'ils ont semé la zizanie. Ou bien ; « Gégène, en chantant des vieilles chansons marseillaises, il a fait un vrai chaple ». Autrement dit, il a cassé la baraque.

On l'emploie aussi pour constater le désordre d'une pièce : « Non mais, t'as vu le chaple qu'il a mis dans sa chambre ! ».

Chasper

Verbe francisé. Du provençal : *chaspa,* palper. Se dit pour : envoyer les mains, en parlant d'un homme à l'égard d'une femme : « Au cinéma, il a pas arrêté de la chasper ! ». Quel *chaspeur !*

Chèchou

Nom masculin provençal qui signifie : *supplément,* le surplus. On l'emploie souvent par ironie quand une dame avouant son âge en oublie volontairement quelques années : « Elle dit qu'elle a que quarante ans ? Moi je dirais quarante et le chèchou ».

Cheval de remonte

Dans l'armée, cheval de cavalerie. En parler marseillais, désigne tout individu, de préférence une femme, forte et grande : « Qu'est-ce qu'elle a changé, la petite Spinelli, on dirait un cheval de remonte ».

Chèvre (devenir)

Cette locution est la parfaite équivalence du français : faire *tourner en bourrique.* On devient ou, mieux, on « vient » chèvre : « Oh là là, ce petit, à être toujours malade, il me fera venir chèvre ! ».

Chichette

Nom féminin francisé à partir de *chichèto,* petit chien. Ce terme affectueux est surtout utilisé par les péripatéticiennes pour attirer l'attention du passant : « Oh ma chichette, tu montes, que je te fasse plein de gâteries ! ».

Chichi

Nom masculin provençal : *petit oiseau.* Désigne le sexe de l'homme. Son origine se trouve vraisemblablement dans : *chichibelli,* morceau de chemise qui dépasse du pantalon, et notamment par la braguette. A rapprocher de *chichi frègi,* sorte de gros beignet frit qui se vend à la fête foraine, et dont la forme et le volume permettent les plaisanteries salaces et faciles que l'on devine.

Chichinette

Diminutif à partir de chichis : (faire des) manières. Dire : « Celle-là, qué chichinette ! » correspond au français : « Quelle chichiteuse ».

Chichourle

Nom féminin francisé formé par le provençal : *chichourlo,* jujube. Au figuré s'emploie pour dire qu'une personne n'a pas grand-chose dans la tête : *C'est pas une cervelle qu'elle a, à peine une chichourle* ».

Le mot est également employé en terme d'affection : *Oh, ma belle chichourle.* Pour les petits enfants, on dira mieux encore : « Où elle est, ma belle *chichourlette !* ».

Chicoulon

Nom masculin provençal que l'on emploie quand on veut inviter son commensal à lever son verre : « Allez, va, le dernier chicoulon ! ». C'est le petit coup que l'on boit.

Chien (de Philippe)

Le nom générique de cet animal entre dans la locution : le chien de Philippe, dont l'origine est totalement inconnue. On s'en sert pour souligner l'orgueil d'un particulier dont le mépris écrase tout son entourage : « On dirait qu'il y a que lui et le chien de Philippe à avoir une nouvelle voiture ». On peut supposer que ce mystérieux Philippe, vraisemblablement fort vaniteux, avait un chien au comportement sensiblement identique à celui de son maître. A moins qu'il ne s'agisse du roi Louis-Philippe, détesté des Marseillais.

Chimbre

Mot argotique, déformation locale de l'argot français : *chibre,* le membre viril : « D'après Zize, le chimbre à Loule, y paraît que c'est coucarin ! ».

Chimer

Verbe d'origine provençale francisé : *chima,* siroter. S'emploie pour : boire en grande quantité. Ainsi : « Hè bè, putain, le Dédé, qu'est-ce qu'il chime depuis quelque temps ! ». Le *chimeur* est un gros buveur.

Choper (se)

Verbe argotique français voulant dire : *attraper.* Se faire choper, toujours en français, c'est se faire prendre. Mais dans le parler marseillais, se choper, c'est plus précisément avoir des mots, une discussion, et souvent de manière violente : « Ils se sont chopés à cause d'une petite ». Ils se sont donc disputés. Dans le même sens, le français populaire dit bien : s'attraper (se quereller).

Cinquante-quatre

Nombre correspondant à une ligne de tramway qui, jadis, conduisait à l'hôpital de la Timone, alors spécialisé dans le traitement des maladies mentales. On entend encore l'insulte : « Il est bon pour le cinquante-quatre », c'est-à-dire fou à renfermer. A vieilli.

Cloque

Nom français détourné de son sens par les Marseillais chez qui il remplace avantageusement *ampoule :* « J'ai de ces cloques aux pieds que c'est une vraie misère ».

Cocagne

Nom propre d'origine française désignant un lieu paradisiaque où tout est obtenu sans effort. Dans le langage de Marseille, est devenu une expression que l'on emploie pour dire qu'il ne faut pas s'en faire : « Tu passes ton examen, mais si tu réussis pas, cocagne ! ».

Collègue

Nom masculin français dont le sens marseillais est très différent. Un collègue, c'est un ami, voire même une simple connaissance. On se sert fréquemment de ce mot pour interpeller : « Oh collègue, t'as fini ton travail ? ». S'emploie aussi souvent pour désigner un copain : « Mais non, c'est pas mon fiancé, c'est juste un collègue ».

Coltiner (se)

Verbe français : *se charger* d'un poids. A Marseille, se dit aussi pour : en avoir une couche, être un peu idiot. Par exemple : « Qu'est-ce qu'il se coltine, le pauvre garçon ! ». Le poids étant ici celui de la bêtise.

Comac

Altération de deux mots provençaux : *coumé* et *aco :* comme ça. On l'utilise surtout pour exprimer que quelque chose ou quelqu'un est assez extraordinaire : « Je te leur ai fait un pistou comac ! ». « Ce type, il est comac ! ».

Commander

A la notion d'autorité afférente à ce verbe français, le parler marseillais a ajouté celle d'autoritarisme, et notamment de décision à la place d'autrui : « Il me gonfle à toujours commander, on n'est plus des minots, quand même ! ».

D'où *commandant* et *commandeur* employés pour une personne autoritaire : « Je le supporte plus, ce gros commandeur ».

Comme

Conjonction française presque toujours usitée à la place de : *comment.* Ainsi : « Comme ! Tu es pas encore parti ? ». Equivaut au français : comment cela se fait-il ?

Sert aussi à exprimer la stupéfaction : « Hé ! Comme ! Il veut plus partir avec toi ? ». Ou : « Comme, t'as perdu ton boulot ? », c'est-à-dire, explique-toi, je ne comprends pas.

Con

Adjectif français dont la signification est identique quand on l'attribue à une personne. Sert également d'interjection pour appuyer un propos, en fin de phrase : « Qu'est-ce qui fait froid, con ! ».

Conserver (se)

Verbe pronominal français que les Marseillais utilisent à l'impératif comme formule de politesse au sens de : portez-vous bien. Ainsi : « Bien le bonjour à la famille et, vous, conservez-vous, qué ». Sous-entendu : en bonne santé.

Coquin

Interjection à partir d'un adjectif pour exprimer la surprise ou l'émoi : « Coquin, qu'est-ce qu'il travaille bien en classe, ton petit ! ». Se rencontre aussi souvent sous la forme : coquin de sort.

« Oh coquin ! », c'est : « A bon, dis donc, tu m'en diras tant ! ».

Coucarin

Déformation de l'adverbe *quaùcaren :* quelque chose. S'emploie souvent en fin de phrase pour *beaucoup :* « L'autre soir, au théâtre, comme monde y avait coucarin ». Forme récriminatoire : « C'est coucarin, ça ! on a beau lui dire les choses, il obéit pas ». Dans ce sens correspond au français : c'est un monde !

Couffe

Nom féminin d'origine provençale (*couffo :* bêtise).

C'est le mot le plus employé pour désigner une erreur, une gaffe : « Çui-là, je te jure, qu'est-ce qu'il peut faire comme couffes, il arrête pas ».

Couffin

Nom masculin provençal qui désigne un *sac en sparterie* avec lequel les femmes vont faire leur marché. A donné naissance à une nuance injurieuse : « Il est couillon comme cinquante mille couffins ».

Cougourde

Nom féminin français à partir du provençal *coucoùrdo :* la courge. Si la cougourde se mange volontiers, elle désigne en même temps un individu peu doué pour les opérations intellectuelles ou même manuelles. Dans ce sens, correspond parfaitement au français : courge. Ainsi : « Ta sœur, elle peut rien toucher sans le casser, qué cougourde ».

La cougourde, c'est aussi la tête : « Mais qu'est-ce que t'as dans la cougourde pour faire des cagades pareilles ! ».

Couilles (se manger les)

Encore une locution haute en couleur qui, à l'origine, avait le sens d'*avoir peur.* A évolué vers : se faire un sang d'encre, être accablé de soucis ou, plus prosaïquement, dépassé par une entreprise difficile à mener : « Mon commerce, ça marche guère, en ce moment ; je me mange les couilles ».

Couilletti

Adjectif provençal, diminutif amical et ironique de *couillon* (imbécile), que l'on emploie pour souligner la crédulité ou accuser d'une faute légère : « Oh couilletti, tu le crois pas qu'il va te payer un voyage en Amérique ! ». Ou encore :« Tu as vu ce que tu as fait, couilletti ! ».

Couillon

Adjectif dévalorisant qui sert à traiter quelqu'un d'*imbécile.* Dans « Marius » de Pagnol, César dit à son fils : « Quand on fera danser les couillons, tu seras pas à l'orchestre ! » La locution : le couillon de la mounine (voir ce mot) indique que cela suffit. Ainsi : « Alors tu veux tout, hè, il te faut tout ! et pourquoi pas le couillon de la mounine aussi ! ».

L'expression : *les couillons lui ont viré* signifie que le pauvre homme (ou plus curieusement, la pauvre femme) n'a pu en supporter davantage et qu'il a tout envoyé promener.

Amusante expression : *les couillons vont à la ville.* Se dit en parlant de quelqu'un qui prend les autres pour des niais. Par exemple : « Evidemment, qu'il fait des économies, il mange toujours chez les uns ou les autres ; comme ça, tous les couillons vont à la ville ».

Avoir les couillons à l'envers, c'est être de mauvais poil.

Couler l'eau

Locution régionale de structure française que l'on utilise pour dire que l'on transpire d'abondance : « J'ai tellement marché que je coule l'eau, tê ».

Coumé sian ?

Locution provençale encore couramment employée dans le français de Marseille. Littéralement : comment allons-nous ? Tournure familière et pittoresque pour demander : comment allez-vous ? Ainsi : « Alors, coumé sian, ami ? ».

Coumprèni

Première personne du singulier de l'indicatif présent du verbe provençal : *coumprendre,* comprendre. On l'utilise souvent en fin de phrase pour être sûr que l'interlocuteur a bien saisi ce qu'on avait à lui dire : « Je t'aime plus, plus du tout, et je m'en vais, coumprèni ? » Ici, le sens est abusivement celui de la 2e personne. *Coumprèni qué !* employé seul, correspond au français : oh oui alors ! qui est une façon d'acquiescer fortement.

Counas

Adjectif provençal, augmentatif de *« con »,* terme injurieux français, lui-même tiré du provençal : conil, le lapin, considéré au Moyen Age comme l'équivalent de l'âne. De sorte que « counas » correspond bien au français : gros con. Ainsi : « Tu lui adresses encore la parole à ce counas ? ».

Craindre

Verbe français détourné de son sens. A Marseille, *craindre* ne veut pas dire que l'on redoute un événement fâcheux, mais simplement que l'on se trouve dans une situation telle qu'on en éprouve de la honte : « Dans le bus, y a un drôle qui m'a mal parlé, tu peux pas savoir comme je l'ai craint ».

Craindre se dit aussi très bien pour signifier que nous avons quelque difficulté à digérer tel ou tel aliment : « C'est pas que je l'aime pas, la cébette, mais je la crains ».

Créba

Verbe provençal : *crever.* Se rencontre au participe passé pour ponctuer une phrase voulant dire qu'on est fatigué : « Tè, j'ai fait une bourride, siou créba ».

Crépine

Nom féminin français : membrane de la panse du porc, du veau ou du mouton. Ce mot entre dans la locution : *être né avec la crépine,* avoir de la chance. Le français dit à la place : être né coiffé. Il semblerait que dans le parler marseillais, crépine soit un euphémisme pour placenta, car il paraît que les enfants qui viennent au monde avec encore un morceau de placenta sur la tête sont assurés de jouir d'une existence facile et heureuse. De quelqu'un qui joue et gagne, on entend souvent : « Çui-là, il est né avec la crépine, ma parole ! ».

Crier

Verbe français que l'on trouve au sens de *gronder,* réprimander. Un garnement se plaindra : « Mon père, il fait que me crier ».

Croille

Nom féminin provençal *(cròio)* francisé qui désigne l'arrogance, le culot, l'effronterie : « Le petit, je t'assure, il a une croille, si tu voyais comme il répond à ses professeurs ».

Croix

Dans l'argot de la prostitution, ce terme s'applique au client particulièrement exigeant. Dans le parler marseillais, est *croix* quiconque est difficile à supporter, soit à cause de son caractère intraitable, soit à cause de sa balourdise : « Une fille comme ça, qué croix ! Faut se la faire ». Et encore : « Non mais regarde-moi cette croix ! Tu crois qu'il aiderait un peu ! ».

Cul cousu

Nom et adjectif français typiquement marseillais dans leur sens pour désigner quelqu'un qu'il n'est pas facile de dérider et qui, ne rit pratiquement jamais : « Dèdou, moi, je l'invite plus, c'est un vrai cul cousu ». En français, on dira : pisse-vinaigre.

D

Dache

A l'origine, patronyme d'un déménageur célèbre du quartier de la Belle-de-Mai. Puis un jour, cet homme s'est exilé du côté d'Endoume. De là est née l'expression : aller à dache, aller au diable. C'est une injure édulcorée : « Eh, tu vois pas que c'est un enquiquineur ! Qu'est-ce que tu attends pour l'envoyer à dache ! ». Correspond à « loin ».

Daïse

Interjection provençale pour : *doucement,* du calme. Ainsi : « Oh, gàrri, daïse, daïse, ne t'affole pas, qué ! ». Dans la vie, il ne faut jamais se presser : « Les choses, y faut les faire daïse, sinon tu te prends une crise cardiaque ».

Dame (faire la)

Nom féminin français qui, dans l'expression : faire la dame, signifie tout simplement prendre de grands airs : « Zézette, depuis que son mari il est passé chef de rayon, elle fait la dame ».

Darnagas

Nom provençal de la *pie-grièche* que l'on utilise comme insulte légère à l'encontre des individus bornés à qui il est difficile de faire entendre raison : « Y a longtemps que je le fréquente plus, ce darnagas, on peut pas discuter avec lui, on a toujours tort ».

La forme fautive *« Tarnagas »* est souvent usitée.

Dattes (aller aux)

Locution verbale française. Le travail dans les fabriques de conditionnement de dattes avait et a encore une réputation détestable pour ce qui est des conditions et des salaires. On l'utilise comme menace à l'encontre des filles qui, travaillant mal en classe, sont promises à un avenir difficile et incertain : « Si tu continues comme ça, tu seras tout juste bonne à aller aux dattes ». Le français dit, dans le même sens, mais à l'adresse des garçons : « Tu finiras à la mine ».

Daube

Nom féminin français désignant un plat de viande provençal réputé, fait de viande de bœuf et de carottes en sauce. Ce mets riche en apport nutrifif s'applique à un homme ou une femme de poids conséquent : « Elle est de plus en plus daube » (elle grossit de jour en jour). On trouve l'augmentatif : *daubasse,* plus méchant : « Oh daubasse, tu t'amènes ? ».

Défaire (se)

Verbe pronominal français dont le sens méridional est : se dégraffer. Exemple : « J'ai trop mangé, ça vous gêne pas si je me défais un peu ? ».

Dégun

Pronom provençal indéfini qui se traduit en français par : *personne*. Mais s'emploie énormément encore sous sa forme originale : « Hier soir on est allé au cinéma, y avait dégun ».

Demoiselle

Nom féminin français que les Marseillais emploient dans l'acception : jeune fille. Par exemple, on dira bien : « Et votre demoiselle, comment va-t-elle ? Elle fait toujours infirmière ? ».

Déparler

Verbe de structure française mais au sens typiquement marseillais. Signifie que l'on emploie des mots que l'on ne devrait pas, que l'on devient grossier : « Il m'a tellement mis en colère qu'il m'a fait déparler ».

Dépéguer (se)

Verbe d'origine provençale formé sur *pègo,* poix. Se dépéguer, c'est évacuer une situation gênante ou une personne dont on veut se débarrasser : « Je sais pas s'il arrivera à se dépéguer de cette affaire ». Ou encore : « Excuse-moi de mon retard, mais j'ai pas pu me dépéguer de ma mère avant ».

Destrùssi

Nom masculin provençal : *destructeur.* S'emploie pour les enfants à qui rien ne résiste : « Cet enfant, il peut rien garder, c'est un destrùssi de première ». En français, dans ce sens : démon. Peut se dire pour un adulte.

Dévarié

Adjectif provençal qui correspond au français : *troublé,* perturbé : « Depuis que Toine l'a quittée, elle est toute dévariée ».

Diable

En français, cette interjection exprime la surprise. Dans le parler marseillais, on s'en sert également pour appuyer une évidence : « Si je vais en vacances avec toi ? Diable ! ». C'est certain, assuré.

Digue

Francisation de l'impératif provençal : *digo,* deuxième personne du singulier du verbe : *dire.* S'emploie tout comme le français, en début de phrase pour attirer l'attention : « Oh digue, tu vas pas faire le mourre toute la journée, non ? ». Seul, correspond à : ça alors, quel culot, tu te rends compte !

Dîner

Nom masculin français qui, sous l'Ancien régime, désignait le repas de midi, le déjeuner se prenant au lever et le souper le soir aux alentours de six heures : « Je t'avertis, nous, on dîne à midi juste, alors tâche moyen d'être à l'heure », se dit encore aujourd'hui.

Dis (que) ?

Deuxième personne du singulier du verbe provençal *dire,* à l'indicatif présent, forme interrogative. Avec « qué », s'emploie volontiers lorsqu'on rencontre une personne familière : « Tè, Zize ! Alors, qué dis ? ». En français, correspond à la formule : qu'est-ce que tu me racontes, que deviens-tu ? On dit aussi : *qué mé dis ?*

Djèdji

Orthographe simplifiée du provençal *jijeù*, substantif et adjectif désignant un nigaud. Le djèdji, c'est le fada, le niais, l'imbécile, mais avec une forte nuance péjorative : « A part les djèdjis, je vois guère qui ça peut intéresser, une émission pareille ».

Doigts (ne pas se moucher avec les)

Se dit des personnes peu regardantes quant à leur train de vie, qui ne se refusent rien, et étalent un luxe parfois un peu trop voyant. C'est aussi manifester des ambitions au-dessus de ses moyens, matériels ou intellectuels : « T'as vu la bagnole qu'il s'est achetée, Bernard ? Sas qu'il se mouche pas avec les doigts, çui-là ».

L'expression doit remonter à l'époque où seules les « personnes de qualité » avaient assez d'argent pour s'offrir des morceaux de dentelle où se dégager de leurs déjections nasales, étant entendu que les pauvres utilisaient des moyens plus rudimentaires comme se boucher une narine et souffler fortement pour alléger l'autre. Signe évident que le mouchoir a été pendant longtemps le privilège des classes aisées.

Dormiasse

Adjectif fantaisiste dérivé de *dormir.* Désigne toute personne dormant beaucoup, aimant à dormir, à faire la grasse matinée : « Celle-là, qué dormiasse ! » Même forme pour le masculin.

Douna

Participe passe du verbe provençal : *douna*, donner. Ponctue une remarque quant à un prix de vente quelque peu excessif : « T'as vu les loyers, en ce moment ? Es pas douna, hé ». Traduction littérale de l'expression : ce n'est pas donné.

Dùfi

Ce mot provençal a gardé tout son sens étymologique d'*écornure* : « Le livre que j'y ai prêté, il me l'a rendu, je voudrais que tu voies ça, plein de dùfi, un vrai chaple ! ».

E

Em'aco

Groupe de mots provençaux signifiant : *avec ça ?* s'entendait naguère encore chez les petits épiciers du coin : « Em'àco, Mme Toinette, qu'est-ce que je vous mets ? » Il n'est pas rare de le trouver encore dans des formules de politesse : « Em'aco, comment ça va ? ». Equivalent du français : « Et à part ça ».

Embarrassée

Participe passé français employé dans un sens bien particulier. Quand on dit d'une femme qu'elle est embarrassée, cela veut dire qu'elle attend un heureux événement : « La pauvrette, elle est embarrassée en ce moment ».

Emboucaner

Verbe francisé à partir de : *emboucouna*, infecter. S'emploie argotiquement pour puer : « Oh là là, qu'est-ce que ça emboucane, ici ! ». Au figuré, correspond à flétrir la réputation : « Ce salaud m'a emboucané, si tu savais ! ».

Embouligue

Nom féminin fantaisiste, confusion entre le provençal *emboulėga* (de *emboula,* mettre en boule) et le français *embolie :* « Il est mort d'une embouligue, peuchère ! ». S'emploie aussi au sens de : émotion, coup au cœur. C'est ainsi qu'on dira bien : « La pierre, elle m'a tombé juste devant moi, que ça m'a donné une de ces embouligues ! ». L'amalgame était d'autant plus tentant que les Marseillais disent volontiers : « Il m'a encore mis en boule », pour : il m'a énervé, il me tape sur le système (nerveux, évidemment).

Le mot provençal *embourigo* désignant plus précisément le nombril, on comprend donc facilement l'expression : *rire à se faire péter l'embouligue,* jusqu'à s'en faire éclater le nombril.

Embroncher

Verbe de structure française signifiant : *heurter.* On embronche quelqu'un en passant trop près de lui.

Se trouve également sous la forme pronominale : « Je me suis embronché au réverbère ».

Emmasquer

Verbe de structure française à partir du nom provençal : *màsco,* sorcière. Emmasquer quelqu'un, c'est lui jeter un sort, de préférence mauvais : « En ce moment, rien ne va comme je voudrais, je dois être emmasqué ».

Empègo (aquèlo)

Cette expression qui trouve son équivalent français dans *ça alors !* exprime l'étonnement, la surprise. Elle est formée du démonstratif féminin *aquèlo,* cette, et du substantif *empègo,* tiré du verbe *empéga,* poisser, coller : « Aquel'empégo ! J'ai rencontré Titin au marché, et il m'a même pas dit bonjour ! ».

L'histoire de cette interjection est saugrenue. Les premiers gazomètres furent installés à Marseille aux alentours de 1830. Et très vite, les femmes travaillant dans les laveries les utilisèrent pour étendre leur ligne. Mais l'une d'elles, un soir, constata que les draps qu'elle avait mis à sécher étaient collés au gazomètre qui, à son insu, avait été enduit d'une épaisse couche de goudron : « Aquel'empégo ! » s'est alors exclamée la buandière. Et son cri de surprise a été repris et largement répandu depuis.

Empéguer

Verbe d'origine provençale ayant plusieurs sens. D'abord c'est se débattre dans des difficultés sans nombre : « Le pauvre, il est empégué dans une sale affaire ». Ou bien encore se voir infliger une amende : « Il s'est fait empéguer parce qu'il était mal garé ». Enfin, pronominalement, c'est forcer un peu trop sur la bouteille : « A force de boire comme des trous, ils vont finir par s'*empéguer* ». Vient de *pègo*, la poix.

Emplâtre

Nom masculin français : onguent en usage pour certaines affections cutanées. En argot français, désigne, tout comme en provençal, qui en est d'ailleurs fort probablement responsable, une personne apathique, encombrante. Mais son sens de gifle magistrale est typiquement local : « Il te lui envoyé un de ces emplâtres, j'aurais pas voulu être à sa place ! ».

Encaper

Verbe de forme française tiré du provençal : *encapa*, atteindre son but. S'emploie très couramment pour : *avoir de la chance*. Une mère heureuse dira de sa fille : « Ah voui, je suis contente, elle a bien encapé ». Il faut entendre qu'elle a épousé un gentil et honnête garçon. *Mal encaper* se dit pour exprimer le contraire, évidemment.

Endoume (va caguer à)

Nom propre d'un quartier bien connu de Marseille. Se dit pour *envoyer paître* un interlocuteur dont on se lasse. A l'origine, la locution était : Va carga à Endoume », va charger à Endoume, c'est-à-dire va faire le porte-faix dans ce quartier où se trouvaient jadis les douanes. Mais les Marseillais, là encore, ont fait chuter le R, ce qui donne une acception plus triviale mais plus comique à l'expression. On dit aussi : *« Va caguer à la vigne ».*

Enfévé

Adjectif provençal formé à partir du mot : *fève*. Insulte grossière que l'on emploie à l'adresse de quelqu'un qui n'a pas été des plus réguliers avec nous : « Je le retiens, cette espèce d'enfévé, après le sale tour qu'il vient de me jouer ». On devine facilement l'équivalent français.

Enfle

Adjectif provençal de structure française qui semble être une déformation de : *enflé*. C'est ainsi qu'on dira bien : « J'ai tellement marché que j'ai les pieds enfles ».

Engatser (s')

Verbe argotique formé sur le substantif italien *cazzo*, qui désigne le membre viril. Ce verbe s'emploie dans divers sens : s'enthousiasmer, prendre la mouche, se fourvoyer et se quereller. Voici plusieurs exemples des emplois possibles : « Il s'est engatsé pour la petite Mimi ». « Je me suis engatsé en triant mes photos, je trouve plus rien ». « Il a un caractère, je t'assure ; il s'engatse pour un oui, pour un non ». « Ils se sont engatsés comme des estrasses ».

Faire un gats, faire *un beau gats*, c'est faire des histoires, chercher des complications.

Lancer : *mon gats !* équivaut à envoyer promener un interlocuteur.

Enraguer (s')

Verbe d'origine provençale : *enraga*, se prendre à l'hameçon. Par extension, c'est s'embourber, s'enliser : « Figure-toi qu'on est allé au bord de l'eau et paf ! On s'est enragué dans la gadoue ».

Ensuqué

Adjectif d'origine provençale tiré du verbe *ensuca*, assommer. S'adresse à tous ceux qui mettent un certain temps à comprendre et à réagir : « Ma cousine, elle est brave, peuchère, mais quelle ensuquée ! ». Se dit aussi pour exprimer un choc, une vive émotion : « Quand j'ai appris la mort de ce pauvre Dédé, ça m'a complètement ensuqué ».

Entrant

Participe présent du verbe français : entrer. Mais à Marseille, être entrant, c'est être *ouvert*, liant : « Moi, je l'aime bien, ton frère, il est très entrant ».

Esbigner (s')

Verbe de structure française à partir du provençal : *s'esbigna*, décamper. Equivalent de s'égailler, il comporte cependant une nuance de vélocité plus précise : « Quand les flics se sont pointés ils se sont esbignés vite fait,je t'assure ».

Escagasser

Verbe d'origine provençale qui correspond au français : *écraser*. Veut dire la même chose mais surtout au figuré : « J'ai tellement travaillé que je suis complètement escagassé ». Peut vouloir dire aussi qu'on est éreinté par quelqu'un au bavardage épuisant. C'est aussi prendre un mauvais coup : « Ils se sont fait escagasser par une bande de voyous ». Désigne également le résultat d'une vive émotion : « Moi, leurs disputes, ça m'a escagassé ».

S'escagasser : se démener, se décarcasser.

Escaliers

Les Marseillais doivent confondre l'escalier avec les marches qui le constituent, puisqu'ils emploient volontiers le mot au pluriel, en prenant d'ailleurs un soin tout particulier à le prononcer *escaié* : « Mais qui c'est qui a balancé toutes ces bordilles dans les escaliers ? ».

Escaner

Verbe provençal francisé dans la forme, à partir de : *escana*, qui signifie : étrangler. Escaner quelqu'un, c'est l'avoir, le duper. Surtout de la part d'un commerçant peu scrupuleux sur les prix qu'il pratique : « J'ai acheté une télé d'occasion, mais je crois bien que je me suis fait escaner ».

Escape

Interjection à partir du provençal *escapa*, fuir. Se dit couramment pour exprimer un départ teinté de soulagement : « Je finis la semaine et après, tè, escape ! Je pars en vacances ».

Escoube

Francisation du provençal *escoubo*, le balai : « Tè, vai, passe-moi l'escoube, que je suis fatiguée ». Quand en français on lance un vigoureux : allez, du balai ! Le Marseillais dit bien : de l'escoube, et va t'escoundre ! ».

Escoundre

Verbe provençal : *se cacher.* On l'utilise souvent pour envoyer paître un interlocuteur avec qui on veut couper court parce qu'il dit des choses déplaisantes : « Et va t'escoundre, vaï, espèce de minable ! ».

Escrimer (s')

Verbe de forme française formé sur le provençal : *escrima*, peiner, faire des efforts : « Quand je pense comme je me suis escrimée pour toi » dit très bien la mère abusive pour culpabiliser son fils ingrat.

Espéloufi

Adjectif provençal signifiant : *ébouriffé.* Une femme dira par exemple : « Il fait un vent ! Je suis tout espéloufide ».

Espiller

C'est, en parlant d'un animal, *écorcher*, enlever la peau : espiller un lapin. Vient du provençal *espiha*, même sens.

Au figuré, se dit pour *gruger*, escroquer : « L'autre jour, on est allé au restaurant, hè bè on s'est drôlement fait espiller ».

Espincher

Verbe d'origine provençale *(espincha)* correspondant au français : épier. Espincher, c'est regarder en catimini, pas très franchement : « Qu'est-ce qu'il a, çui-là, à espincher comme ça », se plaindra la cagole pourtant peu farouche.

Esploumassé

Participe passé formé sur le verbe provençal : *esploumassa*, arracher les plumes. S'entend pour décrire la coiffure désordonnée d'une femme ou d'un homme dont le crâne est hérissé d'épis : « Arrange-toi un peu les cheveux, vaï, que tu es tout esploumassé ».

Espouti

Adjectif provençal dérivé du verbe *espouti*, écraser. Se rencontre au propre comme au figuré : « Il s'est fait espoutir par quatre voyous » et : « Il a été tellement dur avec moi que j'en suis tout espouti ».

Enfin : « Y a un fada qui m'a espouti la bagnole ».

Esque

Nom féminin, *esco*, appât. En français : aiche, èche ou esche. Inviter quelqu'un à *aller aux esques*, c'est tout simplement prendre congé de lui, l'envoyer se faire voir ailleurs : « Hé, va aux esques, vaï, grand couillon ! ».

Esquicher

Verbe de structure française à partir du provençal : *esquicha*, écraser. On dira bien : « Dans le bus, on était esquiché, c'était insupportable ». Forme comminatoire : « Arrête-toi, ou je t'esquiche le nez ».

Esquinade

Mot d'origine provençale qui désigne de gros *crabes plats*. Adressé à une personne, le mot veut dire qu'on la trouve bien maigre : « Le pauvre, quelle esquinade ! ».

Esquinter

Verbe d'origine provençale dont le sens marseillais est : *détériorier*. Exemple : « Cette andouille, je lui ai prêté un livre et il me l'a rendu esquinté ». La même signification se retrouve au figuré : « Ouf ! Quelle journée, j'en peux plus, je suis complètement esquinté ».

Estamper

Verbe provençal francisé : *estampa*, imprimer timbrer. Dans l'argot marseillais, se faire estamper, c'est se faire duper dans une tractation quelconque : « Je me suis fait drôlement estamper en croyant faire une bonne affaire ». L'estampeur, c'est l'escroc.

Estampeù

Nom masculin provençal : *vacarme*. Se dit surtout pour un bruit fort et continu qui provoque une nuisance : « Je sais pas ce qu'ils fêtaient, les voisins, hier soir, mais ils ont fait un brave estampeù ! ».

Estoufade

Nom féminin francisé à partir du provençal : *estoufâdo*, étuvée, étouffée. Synonyme d'estoumagade (voir ce mot). On l'emploie donc bien pour exprimer une vive et soudaine émotion qui saisit : « Quand j'ai vu le bolide me venir dessus, je me suis pris une de ces estoufades ! ».

Estouffe-garri

Nom invariable francisé à partir de *estoufa*, étouffer, et *garri*, rat. Equivalent du français : étouffe-belle-mère, mais élargi au sens figuré pour désigner ce qui fatigue, lasse, ennuie : « Le livre que tu m'as prêté, comme estouffe-garri, pardon, hè ! ».

Estoumagade

Dans ce mot francisé on retrouve *estomac*. On le rencontre dans l'expression : prendre une estoumagade ; ce qui veut dire qu'on a reçu un choc au moins émotionnel : « Quand j'ai su que la Nine elle s'était fait la malle avec le mari de Zézette, je me suis pris une estoumagade que je te dis que ça ! ».

Estramasser (s')

Verbe francisé à partir du provençal : *estramassa*, chuter. En fait, s'estramasser, c'est s'étaler de tout son long : « Si tu l'avais vu ! Il s'est estramassé en pleine rue ! ».

Estrambord

Nom masculin provençal : *enthousiasme*. Le sens s'est étendu à excès, extravagance : « Il te donne le vire-vire, avec ses estrambords ».

Estrànsi

Nom provençal : *tristesse, langueur*. L'expression a évolué vers un sens plus moderne. *Avoir l'estransi,* c'est éprouver de l'inquiétude, de l'angoisse, vivre dans les affres de quelque chose : « Demain je passe le permis, je suis dans l'estrànsi ». On trouve de plus en plus la forme fautive et simplifiée : *strànsi*, employée au masculin.

Estransiné

Adjectif formé sur le verbe provençal : *estransina* ; harasser. S'emploie aussi au figuré pour exprimer une grande fatigue morale. On se souvient de la célèbre réplique d'Honorine dans « Marius » : « Je suis tout estransinée ».

Estrasse

Nom féminin d'origine provençale pour un *morceau de chiffon* en piteux état. Désigne les vêtements mal en point d'un individu peu soigneux : « T'as vu comme il s'habille ? Il se met que des estrasses ». A aussi un sens nettement péjoratif au niveau de personnages peu scrupuleux et prêts à tous les mauvais tours : « Ton copain, il m'a eu, c'est une estrasse pas possible ».

A donné le verbe : *s'estrasser*, se tordre de rire.

Estron

Tiré du provençal *estroun*, tronçon, dont le sens a évolué vers *excrément*. Au siècle dernier, existait un gâteau surmonté d'un cône de meringue, appelé *estron de Philippe*, en hommage au roi Louis-Philippe, cordialement détesté des Marseillais.

F

Fada

Substantif et adjectif provençal formé sur : *fàdo*, la fée. A l'origine, était plutôt flatteur et qualifiait quelqu'un de différent, habité par une force surnaturelle et bienveillante. Mais son évolution s'est orientée vers une acception dévalorisante. Un fada, c'est quelqu'un de dérangé mentalement. Le féminin est *fadade :* « Ne l'écoute pas, il est fada qu'il en peut plus ». Le diminutif *fadòli* est moins fort.

Par une extension tout à fait logique, le fada c'est aussi le passionné, le fanatique, nous dirions en bon français populaire : le mordu. Par exemple : « C'est un fada de la pétanque » ou « la petite, elle est fadade de Johnny ».

Faire (en)

Pour dire de quelqu'un qu'il exprime très fortement sa joie ou sa peine, sa vanité, etc., on dira qu'*il en fait.* Ne pas confondre avec le français populaire en faire trop, dont le sens est sensiblement le même : « Depuis qu'il fréquente, il en fait, sas ! Il chante, il rit c'est plus le même ». Dans la tristesse : « C'est vrai qu'il en fait, peuchère, mais il faut le comprendre, sa femme est morte y a pas un mois ».

Faï tira

Verbes provençaux, le premier à l'impératif, le second à l'infinitif. Se dit pour exprimer son impuissance et sa résignation devant un événement contre lequel on ne peut rien. C'est le parfait équivalent du français : *Laisse tomber*. Exemple : T'as perdu de l'argent dans cette affaire ? Bof, faï tira ! ». On ajoute souvent « Marius » du nom de l'âne d'un colporteur qui s'adressait ainsi à son animal pour l'inviter à reprendre sa marche, car mot à mot, « faï tira » signifie : fais tirer ; soit : avance.

Le colporteur en question avait donné ce nom à son âne en souvenir de son oncle Marius qui, lui ayant promis sa part d'héritage, l'en dépouilla complètement.

Fan

Diminutif de : *enfant*. Sert d'interjection dans toutes sortes de situations : la joie, la peine, la stupéfaction, le désarroi, et bien d'autres encore. S'emploie seul mais souvent associé à d'autres termes : fan de pute ! Fan des pieds ! Fan de Chine ! Fan de chichourle ! Exemple : « Oh fan de putain ! On m'a rousti le portefeuille ! ».

Fangoule

Nom d'origine italienne : *fan culo*. Insulte extrêmement triviale invitant les gens à aller paître. Traiter un individu de ce mot-là c'est le considérer comme un abruti, un bon à rien : « Oh fangoule, tu t'amènes ? ».

Fanny (baiser)

L'expression appartient au vocabulaire de la pétanque, où on l'utilise pour dire qu'on n'a marqué aucun point. Son usage s'est étendu à tous les jeux : « Tè, il a encore baisé Fanny » (son score est nul).

Le jeu de la pétanque (pieds tanqués, fichés, joints) est né au début du siècle à La Ciotat où, pour la première fois, un tireur est resté immobile au lieu de courir. Or, cet événement d'importance s'est déroulé devant un bar qui tout de suite a été rebaptisé : *les pieds tanqués.* Et la patronne, Fanny, était dit-on, fort belle. D'où l'expression : baiser Fanny, c'est-à-dire se consoler après avoir perdu sur toute la ligne.

Faquine

Nom féminin d'origine provençale : *faquino*, redingote. Cette forme de vêtement a disparu, mais le mot est resté pour désigner un manteau, un veston un peu usagé ou de qualité douteuse : « Allez, mets ta faquine, on s'en va ».

Farfantier

Le provençal *farfantarié*, forfanterie, dispose de ce substantif dont l'équivalent français correspond à *hâbleur*, fanfaron. Mais l'usage populaire en a étendu le sens, et le mot s'emploie aujourd'hui davantage pour parler de quelqu'un d'*agité*, d'excité, qui brasse beaucoup d'air : « Il est tellement farfantier qu'il sait plus ce qu'il fait ».

Fatche

Interjection formée sur *fàcho* (prononcer fàtcho), dérivé du provençal *fàci,* la face. On l'utilise dans de multiples occasions, là où le français se sert le plus souvent de : oh là là ! Et, plus grossièrement, de : putain, autre cri de surprise ou d'admiration bien méridional.

Fatche s'emploie seul : « Fatche, il tombe un cagnard, que pardon ! », ou associé à des vocables aussi poétiques que : con et putain. Ainsi : « Je me suis fait une petite, fatche de con ! Si tu la voyais ! ».

Fatigué

Adjectif français que les Marseillais emploient par euphémisme pour *très malade.* Si, en bon français, être fatigué, c'est souffrir d'un léger malaise, dans le parler de Marseille c'est subir un mal véritable : « Je suis inquiète pour mon mari, il est bien fatigué en ce moment ».

Il n'est pas rare d'entendre : « Quoi, il est mort ? Mais je le savais pas fatigué ! ».

Favouille

Nom féminin d'origine provençale : *favouhio,* petit crabe. Les mères l'emploieront par affection pour s'adresser à leur progéniture : « Oh, qu'elle est belle ma favouille ». On trouve même *favouillette.* Existe aussi sous une forme péjorative pour désigner un individu peu actif et empoté : « Non, mais, regarde-moi cette favouille ! »

Feignant

Nom et adjectif tirés du français : *fainéant.* Il existe en plein centre de Marseille une place dite des *feignants.* S'applique parfaitement à quelqu'un qui tient la paresse pour une vertu cardinale : « S'il était un peu moins feignant, il se sortirait de la mouise ». *Feignasse* et *Feignantas* disent plus.

Fénestron

Nom masculin d'origine provençale : *petite fenêtre.* Parfait équivalent du français (d'origine allemande) : *vasistas :* « Quand je l'ai aperçu, il avait la tête au fénestron ».

Fèves (soupe de)

Locution de forme française dont le sens équivaut à : *peu de choses,* rien du tout. On s'en sert pour congédier un importun ou pour signifier à son interloculeur qu'on n'est pas dupe de ses élucubrations trompeuses : « Allez vaï, va te faire une soupe de fèves, espèce de bidonas ! ».

Fier (faire le)

Locution populaire correspondant à *se pavaner,* snober : « Je l'ai rencontré à La Capelette, qu'est-ce qu'il faisait le fier ! Il m'a même pas dit bonjour ». S'emploie souvent ironiquement : « Tu peux faire le fier, vaï, après ce que tu as fait ! ».

Fifi

Nom provençal désignant un tout *petit oiseau.* S'emploie pour qualifier quelqu'un de frêle manquant particulièrement de robustesse et d'endurance et dont la taille et les mensurations sont minuscules : « Ma pauvre, tu vas pas te marier ce fifi ! ».

Autre sens : *chouchou.* Ainsi le fifi de la maîtresse, dans le langage des potaches.

Figure (perdre la)

Nom féminin français qui, dans cette locution correspond au français : *perdre la face.* Exemple : « J'ai eu tellement honte que j'en ai perdu la figure ». Une autre expression existe : *n'avoir pas de figure.* C'est n'avoir aucun scrupule, n'être pas très regardant pour ce qui concerne son honorabilité : « Vraiment, il faut pas avoir de figure pour faire une chose pareille ».

Figurer

Verbe français que l'on emploie à Marseille dans le sens de : faire mauvaise impression : « Tu sors avec le petit Nénesse ? Ah, ça figure dans le quartier ! ».

Filer (une rue)

A Marseille, quand vous demandez votre chemin, il n'est pas rare qu'on vous réponde : « Oh, c'est facile, vous filez la rue jusqu'au bout, et puis vous tournez à droite, pas moyen de vous tromper ! ».

Filer est donc pris dans le sens de *suivre*, que l'on retrouve en français dans le vocabulaire des détectives ou de la police : filer quelqu'un.

Fiòli

Nom masculin d'origine italienne. Déformation de : *figlioli,* fils. Désigne les gens qui vont régulièrement à la messe, les conformistes, les bien-pensants et, par extension, les tenants des classes sociales supérieures : « Ton frère, j'aurais jamais cru, qué fiòli ! ».

Le mot vient du bon curé italien officiant dans un quartier où les immigrés transalpins étaient nombreux. S'adressant à ses ouailles, il lançait : « Figlioli, mes enfants ». Les Marseillais entendaient : fiòli et ont répandu le mot sous sa déformation.

Fion

Nom masculin d'origine provençale : le *dernier coup.* Dans le langage courant désigne une remarque acerbe et désobligeante : « Il me tape sur les nerfs à me lancer des fions dès qu'on se rencontre ».

Flûte

Correspondant marseillais de *baguette,* en parlant du pain : « Tu te rends compte, il s'est enfilé toute une flûte, et après il se plaint de venir gros ».

Foire

Nom féminin français utilisé pour *fête foraine.* « Petits, si vous êtes braves, je vous mène à la foire, dimanche ».

Forcès pas

Impératif du verbe provençal : *força,* à la deuxième personne du singulier. S'emploie volontiers mais toujours par ironie à l'intention de quelqu'un qui ne fait pas d'efforts pour accomplir une tâche peu importante : « Si tu portes la table sur la terrasse, doucement qué, forcès pas ».

Fortune

Nom féminin français souvent employé pour désigner un individu amusant, espiègle, drôle, ou toute personne quelque peu singulière : « Le Dèdou, qué fortune, y a que lui pour te sortir des blagues pareilles ! ». Correspond à peu près au français : original, mais sans nuance péjorative.

Foudrille

Adjectif formé à partir du provençal *fòudre,* ouragan. On se sert de ce mot pour désigner quelqu'un de désordonné, qui met tout sens dessus dessous : « Quand je te dis que t'es foudrille, tu rouscailles, mais t'as vu un peu dans quel était tu m'as mis le salon ! ».

Correspond bien au français : bordélique.

Fréquenter

Verbe français que l'on utilise pour parler de jeunes gens qui se voient régulièrement pour le bon motif : « Ma fille, elle est toute chose en ce moment, faut dire qu'elle fréquente ».

Frescun

Mot provençal désignant une odeur désagréable et, par extension, le remugle, le moite, etc. : « S'il se lavait un peu plus souvent, il sentirait pas le frescun, qu'il emboucane ! ».

Frotter

Du provençal *freta*, même sens. Equivalent de *flirter :* « Alors, les jeunes, on frotte ! ».

Les *frottadous* désignent les couples qui s'affichent. Plus prosaïquement, ce sont des accessoires pour récurer, nettoyer. On entend quelquefois *fretadou*, plus conforme à l'étymologie.

Furer

Transcrit du provençal *fura*, fouiller, fureter, ce verbe a le sens de draguer, flirter, et même un peu plus : « Oh Zé, on va furer, cet aprèm ? ».

G

Gâche

Nom féminin à partir du verbe provençal : *gàcha*, faire le guet. Avoir une gâche, c'est occuper un petit boulot pas très légal ou au noir. C'est aussi travailler dans des conditions avantageuses sans trop être inquiété : "Ton mari, on peut dire qu'il a trouvé la gâche !". Avoir la gâche, c'est plaire. On dirait aujourd'hui : avoir un ticket : "Vas-y, hé couillon, tu vois pas que t'as la gâche avec la petite brune !".

Galapia

Nom masculin, déformation du provençal : *galapian*, goinfre. Se dit donc bien d'un individu dont l'appétit étonne : "Qué galapia, t'as vu tout ce qu'il a mangé !".

Galavard

Adjectif provençal désignant une personne *gloutonne* et vorace : "Mais c'est un vrai galavard, Çui-là !".

Galéjer

Verbe de structure française d'origine provençale : *galéjada*, plaisanter, raconter des balivernes ou des facéties : "Quoi ? Il a hérité d'un oncle d'Amérique ? Tu galèjes ou quoi ?". Le substantif *galéjade* désigne une plaisanterie joyeuse, ou une histoire difficilement croyable.

Galère

Nom féminin français. On le retrouve dans la locution marseillaise "aller en galère" qui veut dire : "foutre le camp" quand on veut mettre fin à un entretien. Existe aussi sous la forme : habiter en galère, c'est-à-dire très loin.

Envoyer en galère, c'est congédier sans ménagement : "Eh ! Tu peux pas l'envoyer en galère, cette estrasse !".

Galine

Nom féminin formé à partir du provençal *galino*, poule. On trouve ce mot dans de méchantes plaisanteries à l'intention de femmes au cou un peu trop long et ridé : "Celle-là, elle a un vrai cou de galine".

Gamate

Nom féminin tiré du provençal : *gamàto*, auge. Quand on dit à table : "Amène ta gamate", cela veut dire : "approche ton assiette, que je te serve". Peut s'appliquer très péjorativement à une femme plus très jeune : "Laisse-là tomber, tu vois pas c'est une vieille gamate !". Une vieille casserole !

Désigne aussi quelqu'un de pas très doué dans ce qu'il entreprend.

Ganare

Adjectif d'origine provençale (*ganàrro*, ivresse) qui correspond au français *éméché* : "Qu'est-ce qu'il boit ! Pas étonnant qu'il soit toujours ganare !". Se dit indifféremment pour les deux sexes.

Gàncho

Nom masculin provençal : le *croc*. On s'en sert ironiquement pour désigner le dentier : "C'est pas son gàncho qui l'empêche de mastiquer, sas !".

Gansailler

Verbe francisé à partir du provençal : *gansa*, empoigner, saisir. On gansaille quelqu'un qui a besoin d'être remué, poussé à l'action. C'est aussi le secouer, physiquement ou moralement: "Eh, lâche-moi le bras et ne me gansaille plus comme ça !". Au figuré : "Elle est allée voir son avocat pour son affaire, et ça l'a toute gansaillée, ça s'annonce plutôt mal".

Gargamelle

Nom féminin dont l'étymologie se trouve dans *gargamèla*, égosillé. Dans le langage courant, désigne tout simplement le gosier : "Nom, mais ! T'as vu, la gargamelle qu'elle a !". En clair, son gosier est fort proéminent.

Gàrri

Nom masculin provençal : *rat*. Est un terme de tendresse et d'affection destiné aux enfants : "Tiens, mon gàrri, voilà pour toi". S'emploie familièrement entre adultes avec une nuance amicale : "Oh gàrri, qu'est-ce que tu fais là ?". Il existe un jeu du gàrri qui consiste à capter l'éclat du soleil et à le renvoyer par le moyen d'un miroir dans les yeux de quelqu'un qui ne voit pas forcément la source de ce léger inconvénient.

Gàu

Coq, en provençal. S'emploie sous sa forme originelle pour se moquer de quelqu'un qui crie plus qu'il n'agit, un bravache un peu ridicule. Se dit également d'un homme très maigre : "Mais c'est un gaù, ce petit, regarde comme il est pas épais !".

Gàubi

Ce mot provençal désigne *l'aisance*, l'entregent, et par extension, l'audace : "Tu le trouves timide ? Avec toi peut-être. Parce qu'avec les autres, il a un gàubi que je te dis que ça, vé !".

Gaute

Adaptation plaisante du provençal *gauto*, joue, dont la diphtongue *au* se prononce bien sûr *aou*. S'emploie par moquerie pour parler des joues trop pleines ou trop rouges de quelqu'un : "Boudie, la petite, elle est revenue de la montagne avec une paire de gautes, qu'elles sont rebondies comme un ballon de *fotbal*".

Gavot

Nom commun dont le sens originel est : *montagnard*. Désigne plus particulièrement les "immigrés" originaires des Alpes venus s'installer en grand nombre par vagues successives à Marseille, fuyant des conditions de vie particulièrement difficiles. Est resté pour désigner un individu gauche et aux manières rustres : "Qué gavot, ce Toine, on voit qu'il sort pas souvent".

Gibe

Nom provençal francisé, tiré de *gibo*, bosse. Un *gibous*, c'est un bossu, mais avoir la gibe, c'est souffrir d'une enflure au niveau de la joue, à la suite d'un mal de dents, par exemple : "Oh, la pauvre, qué gibe elle a !".

Gisclet

Nom masculin formé à partir de *giscla,* jaillir. A l'origine, on trouve un fruit vert, non comestible, que les enfants serraient entre leurs doigts pour en projeter le contenu au visage de leurs camarades. Ce fruit est long et mince. De là à l'appliquer à un individu efflanqué, il n'y avait qu'un petit pas à franchir ; "Il a beau jouer les balès, on voit bien que c'est qu'un gisclet".

Glandé

Adjectif formé à partir du substantif français : *glande.* S'applique à quelqu'un, homme ou femme qui, bien que se contenant, ne parvient pas tout à fait à cacher sa contrariété : "C'est pas le moment de lui parler, il est glandé". Est passé dans l'argot français.

Glandouiller

Verbe français à partir de : *glande.* A l'argot français : *glander* pour dire qu'on musarde, qu'on traîne dans son travail ou ses diverses occupations, le parler marseillais a enchéri avec ce verbe couramment employé : C'est un feignant, il glandouille tout le temps".

Le mot est venu enrichir l'argot national. D'où les substantifs : *glandeur* et *glandouilleur.*

Glòri

Nom féminin provençal bien traduit en français par : *gloire.* Mais usité sous sa forme d'origine a un sens péjoratif. Comme *gloriole* en français : "Qu'est-ce qu'il ne ferait pas pour la glòri !" S'applique à une gloire vaine et de peu de valeur.

Gòbi

Nom masculin provençal. Petit poisson qui fréquente assidûment les côtes méditerranéennes. Célèbre pour ses gros yeux. Le comparer à un être humain, c'est traiter ce dernier d'ahuri : "T'as vu ses yeux de gòbi ?".

Goï

Nom masculin provençal, traduction littérale du français : *boiteux*, mais uniquement au sens propre : "Depuis son accident, il est resté goï, peuchère !"».

Gonfle

Adjectif d'origine française sémantiquement transformé par les Marseillais pour en faire un synonyme de : *ému*. Ainsi : "J'ai eu des mots avec mon voisin, j'en suis tout gonfle". S'emploie aussi à la place de : *enflé*, pour un membre : "La guêpe, elle m'a piqué, et maintenant, j'ai le bras gonfle."

Gonfler

Verbe français dont le sens provençal est : *importuner*, agacer, irriter : "Tu me gonfles avec tes histoires bidons". Cette forme argotique a gagné le français populaire moderne.

Gounflaïré

Nom masculin marseillais formé sur le verbe : *gounfla,* gonfler. Ce mot désigne un importun de haut vol : "Je peux plus le supporter, ce gounflaïré".

Goûteux

Adjectif que les Marseillais emploient pour *savoureux* : "Ton rôti, qu'est-ce qu'il est goûteux". Autrement dit, il est exquis. En provençal : *goustous.*

Gouttes (faire des)

Nom féminin pluriel français. A Marseille, désigne une petite pluie : "Mets ton imper, tu vois pas qu'il fait des gouttes ?".

Grafigner

Verbe de structure française, mais d'origine provençale ; *grafigna*, égratigner. Un enfant se plaindra : "Maman, le minou, il m'a grafigné". Deux femmes qui en viennent aux mains se grafignent, elles aussi.

Grain

Nom français qui, en parler méridional, désigne plus précisément un *morceau* de sucre : "Combien tu veux de grains, dans ton café ?".

Gratte-cul

Nom masculin français à partir de *grato-cueù ;* nom familier du fruit de l'églantier. "Elle est rouge comme un gratte-cul, peuchère", veut dire qu'elle pique un fard, qu'elle est gênée, ou qu'elle a fourni un effort important.

Grilladou

Nom masculin provençal qui a conservé son sens étymologique. Un grilladou, c'est un lieu écrasé de soleil où il est difficile de séjourner ; "Mets un chapeau si tu passes par le grilladou de la colline".

Grognasse

Nom féminin provençal injurieux à l'adresse d'une femme de très petite vertu ou de mentalité douteuse : "Moi, j'aime pas les grognasses". Correspond aux diverses acceptions du français : *salope*.

Gros

Adjectif français couramment employé par les Marseillais dans le sens de *très* : "Mon père, c'est un gros brave" signifie qu'il s'agit d'un homme excellent. Un gros malade est quelqu'un dont les jours sont comptés.

Guaï

Nom masculin d'origine napolitaine : *catastrophe*. S'emploie pour une personne, surtout un enfant, qui crée des problèmes en permanence : "Bon, d'accord, c'est un gentil garçon, mais quel guaï !".

Se dit aussi dans une locution proche du français : faire un malheur, un esclandre : "Elle m'a fait un guaï pas possible !".

Guìncho

Adjectif provençal tiré du verge *guincha*, viser. Par extension, signifie également *loucher*. Quand on dit : "Il a les yeux guìncho", c'est reconnaître que la personne en question a une coquetterie dans l'œil, qu'elle louche.

H

Hè

Interjection provençale, fidèle traduction du “hein” que l’on trouve dans le français populaire : “Tu viendras avec moi, hè ?”.

Hoï

Interjection provençale correspondant au français : *quoi* ! Penses-tu ! Pas possible ! Elle exprime le doute ou la surprise : “Hoï, mais qu’est-ce que tu me dis, le papé, il est mort ?”.

Honte

Nom féminin français que les Marseillais utilisent à la place de : *timidité.* Un enfant qui se fait tirer l’oreille pour saluer une amie de sa mère, marmonnera : “J’ai honte”.

I

Inquiète (t')

L'expression verbale *t'inquiète que*, correspond bien au français : dis-toi bien que... quand on veut exprimer une mise en garde, un avertissement. Ainsi : "Il veut plus me prêter sa voiture, mais t'inquiète que quand il aura besoin de la mienne, il pourra aller à dache".

J

Jambon

Nom masculin français que les Marseillais utilisent dans l'expression : prendre ça pour pour du jambon. S'emploie de manière plaisante à l'intention de quelqu'un qui exagère, en prend à son aise, insiste lourdement pour obtenir la répétition d'un geste qui lui a été profitable. Par exemple : "Dis, faut pas prendre ça pour du jambon ! C'est pas parce que je suis venu hier que je vais revenir aujourd'hui !".

Jeune

Nom masculin français utilisé en tant que substantif et non comme adjectif et que l'on emploie pour aborder un individu jeune de façon plus familière que "monsieur" : "Oh, jeune, t'as pas l'heure ?".

Jobastre

Adjectif qui désigne quelqu'un dont les facultés intellectuelles laissent quelque peu à désirer : "Mais il est jobastre, ce petit". S'applique également à quiconque prend des risques énormes : "Il faut être complètement jobastre, pour faire une chose pareille !".

L

Lancer

Verbe français que l'on emploie à Marseille en lieu et place d'"élancer" : "Je me suis fait mal au doigt et depuis, ça me lance, tu peux pas savoir".

Languir (se)

Verbe français auquel les Marseillais ont attribué un sens différent d'être maladif. Se languir de quelqu'un, c'est souffrir de son absence : "Elle se languit de son mari depuis qu'il est parti en voyage". C'est également se réjouir d'une heureuse éventualité : "Je me languis que ce soit les fêtes".

Languir tout court, c'est s'ennuyer : "'Man, je languis !".

Longagne

Adjectif formé sur *long*. S'applique à un individu dont on se plaint de la nonchalance : "Ne lui fais pas faire ça à lui, longagne comme il est, il en aura au moins pour huit jours".

Longue (de)

Adverbe provençal francisé correspondant bien au français : *sans arrêt*, sans discontinuer. Ainsi : “Pas surprenant qu’il soit complètement fada, il regarde la télé de longue”.

Loup (voir péter le)

Cette cocasse locution est employée surtout quand on veut parler d’une fille encore jeune mais dont la virginité n’est déjà plus qu’un souvenir : “Ce pauvre André, il se croit de prendre une petite sérieuse, mais va, y a longtemps qu’elle a vu péter le loup !”.

Le loup ayant toujours rempli une fonction d’épouvante dans l’esprit populaire, il est probable que l’expression, telle qu’elle est entendue ici, signifie : ne pas avoir froid aux yeux, ne pas manquer d’audace ; comme une fille qui aurait “fauté” avant le mariage.

M

Macàri

Interjection provençale correspondant au français : *et c'est tout* ! On l'emploie en fin de phrase en signe de va-tout : "Moi j'ai fait ce que j'avais à faire, et puis tè, hè, macàri !". Il existe une expression composée de ce mot, et qui semble avoir deux significations : *faire macàri*, pour certains, c'est faire chou-blanc (il se croyait de réussir, et puis tè, il a fait macàri) ; pour d'autres, faire macàri, c'est écraser les autres de son orgueil (vé-le ce fadòli, il s'en croit tellement qu'il fait macàri). Personnellement, j'opterais pour la première interprétation.

Madur

Adjectif provençal : *mûr*, en parlant des fruits. Au figuré, s'emploie dans un sens identique au français pour qualifier quelqu'un qui ne jouit plus de toutes ses facultés : "Non mais tu l'as vu, çui-là ! Il est complètement madur !". Synonyme de fada, calu et autres mots gentils.

Mafalou

Nom masculin dont l'origine remonte sans doute au verbe provençal : *se morfisa*, se méfier, qui aurait également donné *morfalou.* Est mafalou l'individu de sexe mâle aux allures douteuses et aux moyens d'existence mystérieux. Bref, il s'agit de quelqu'un dont il faut se méfier : "Elle lui a ramené à la maison un de ces mafalous que je te dis que ça !". En un mot, le mafalou, c'est le voyou.

Maffre

Nom masculin marseillais d'origine obscure. Désigne le postérieur dans l'expression : se lever le maffre. C'est-à-dire faire des efforts très importants : "Et dire que ce petit, je me suis levé le maffre pour en faire quelqu'un de bien et qu'aujourd'hui, il me regarde même plus".

Maï

Adverbe provençal : *encore.* On l'utilise souvent quand on veut exprimer son agacement à la répétition d'un fait plutôt désagréable : "Quoi ? Il est malade ? Maï !"

Entre dans la locution : i sian maï ! Nous y voilà encore, ça recommence. Existe également avec l'interjection "zou" : "Allez zou maï ! Il remet ça !".

Mallon

Nom masculin d'origine provençale : *carreau* : "Rince la pièce à la pile et lave-moi les mallons". On dit aussi *tomette.*

Mamé

Nom féminin provençal : *grand-mère* dans le langage des enfants. Exemple : "La mamé, elle est brave, elle me donne toujours des bonbons". On trouve aussi le diminutif : *mamette,* encore plus affectueux.

'Man

Diminutif de *maman*. A Paris, les enfants disent : M'man. Ceux de Marseille suppriment la première lettre et s'exclament : "Oh, 'Man, tu me mènes au cinéma, demain ?".

Mange-bon Dieu

Groupe de mots désignant tout personne assidue à assister à la messe et à communier : "Moi, les mange-bon Dieu, je les supporte guère".

Manière (bonne)

Adjectif et nom féminin français, dont le sens plonge ses racines dans une grivoiserie on ne peut plus délicate. Quand une femme fait une bonne manière à un homme, c'est qu'elle opère sur une partie du corps bien précise de son partenaire une caresse que la bienséance m'empêche d'appeler par son nom.

Manjiapan

Déformation locale du provençal *manjo-pan*, blatte ; littéralement : celui qui mange du pain. S'emploie pour désigner un individu au comportement outrancièrement désinvolte, proche de la grossièreté : "Regarde-moi ce manjiapan ! Il se croit tout permis. Quand il vient à la maison, il se sert sans rien demander, il met les pieds sur la table. Qué manjiapan !".

Manon (le con de)

Nom propre féminin, associé à "con" dans l'expression : le con de Manon, que l'on emploie pour exprimer du dépit ou de l'irritation. "Le con de Manon ! Ça a encore foiré !".

Manquer

Verbe français dont le sens marseillais est : *se trouver mal à l'aise*. Par exemple : "Le petit, il a dit un gros mot à la dame, tu peux pas savoir comme j'ai manqué !". Existe aussi sous la forme : *faire manquer*, c'est-à-dire *faire honte*. On dira par exemple à un enfant dont on redoute le comportement en société : "Si tu me fais manquer, tu vas voir la rouste, en rentrant !".

Marida

Participe provençal à partir du verbe : se marida, *se marier*. Usage très argotique repris au plan national pour dire que quelqu'un a convolé : "Avant, il était tranquille, mais depuis qu'il est marida, il rigole pas tous les jours".

Marier

Verbe français normalement pronominal ramené à un simple transitif direct. On marie une petite, au lieu de l'épouser ou se marier avec elle : "Alors, gàrri, tu te la maries, Zézette, ou tu te la maries pas ?". A Marseille, on se marie ensemble.

Marque-mal

Nom masculin à partir du verbe français : marquer. Suivi de "mal" désigne une "personne mal habillée" : Avec son chapeau de toutes les couleurs, qué marque-mal". On peut aussi le dire à l'intention d'une femme : une marque-mal.

On trouve également : ça marque mal, pour dire qu'une attitude, une façon de parler peuvent faire mauvaise impression : "Ne fais pas ça, que ça marque mal !".

La forme provençale *marco-maù* s'entend encore fréquemment.

Marrias

Injure aujourd'hui nettement édulcorée désignant en provençal un *mauvais sujet*: "Regarde-moi cette espèce de marrias ! Dès qu'on lui demande un service, il t'envoie en galère !".

Marrit

Adjectif provençale : *mauvais*, méchant, que l'on trouve d'ailleurs en ancien français, dans la même acception : "Il est peut-être honnête, Dèdou, mais il est marrit comme une teigne !". Fait au féminin : *marride*, forme francisée de *marrido :* "Boudie, qu'elle est marride !".

Marronner

Verbe francisé à partir du provençal *marrouna*, murmurer. Employé argotiquement pour : rouspéter, geindre, éprouver du dépit, bisquer : "On va y cacher ses sous, ça va le faire marronner !".

Marsiale (la)

Nom propre ; surnom familier de *Marseille*, s'écrit aussi la *Martiale :* "Attention, lui c'est un càcou, il est de la Marsiale".

Martigues (être de)

Nom propre d'une importante localité proche de Marseille, sur l'étang de Berre. Il est à croire que jadis les habitants de cette localité ne devaient pas jouir d'une réputation des plus avantageuses, puisque, pour les Marseillais, *être de Martigues,* c'était faire la preuve de dons intellectuels peu développés : "Tu vois, çui-là, il est de Martigues, alors t'as compris". Dans ce sens dévalorisant, s'applique à tout individu tant soit peu niais ou abusivement jugé tel.

Mascaré

Participe passé du verbe provençal *mascara*, machurer : “Va te laver la figure, que tu es tout mascaré”.

Masque

Nom féminin formé sur : *màsco*, la sorcière. On l’utilise à l’intention d’une femme soit méchante : “Méfie-toi d’elle”, c’est une vrai masque”, soit peu reluisante extérieurement : “Mais qu’est-ce que c’est que cette vieille masque !”.

Massacan

Nom masculin provençal : *grosse pierre*. Puis a servi à désigner les maçons, ensuite les mauvais maçons. Sa similitude phonétique avec le français “massacre” l’a fait évoluer vers *mauvais ouvrier*, celui qui bâcle son travail : “Tu vas pas lui confier ce boulot, j’espère, c’est un vrai massacan”.

Mastéguer

Verbe francisé à partir du provençal : *mastega*, mâcher. On l’emploie par plaisanterie pour : manger beaucoup. Exemple : “Hè bè, qu’est-ce qu’il mastègue, çui-là”. Retrouve son sens original dans des phrases comme : “Quand t’auras fini de mastéguer ton *chevin-gomme*”.

Mèfi

Interjection provençale très fréquemment utilisée. Correspond exactement au français : *attention !*

Semble être une altération du mot provençal : *mesfisanço*, méfiance, raccourci sans doute par analogie avec les deux premières syllabes du mot français. C’est en tout cas l’un des vocables les plus entendus dans la bouche des Marseillais : « Mèfi en traversant la rue ». Et : « Si tu te fures la petite Fifine, mèfi à son père ».

Meilleur (parler)

Ce comparatif de l'adjectif français « bon » est employé de façon fort curieuse dans l'expression : parler meilleur à quelqu'un, lui parler sur un autre ton, avec plus d'égards. Ainsi : « Oh dis, oh ! espèce d'estrassaïré, parle-moi meilleur, hé ».

Mener

Verbe français couramment employé pour *amener* et *emmener :* « Docteur, je vous ai mené le petit, parce qu'il est fatigué en ce moment ».

M'en fouti

Groupe verbal provençal signifiant : *« Je m'en fous ».* A quoi on ajoute souvent : Je suis d'Auriol. Pourquoi ? On raconte que jadis, un habitant d'Auriol, localité proche d'Aubagne, se rendit à Roquevaire, où il entendit la messe. Pendant son sermon, le curé mit en garde ses fidèles contre les flammes de l'enfer, à cause de leur mauvaise conduite. L'assistance, dit-on, fut effrayée. Sauf, bien sûr, le voyageur de passage qui, sans doute pour se rassurer, s'exclama : « Ieù m'en fouti, sieù d'Ourioù ». Il voulait dire qu'il ne se sentait pas concerné, puisque venant d'un autre village. La formule a fait florès, et on emploie très souvent la première proposition : m'en fouti ! (Je m'en fous).

Mère (Bonne)

Nom commun féminin français, mais essentiellement usité à Marseille à l'adresse de la Vierge, Notre-Dame-de-la-Garde, bonne mère des Marseillais. On l'emploie à tous les usages. Dans la joie : « Oh putain de Bonne Mère, j'ai touché le tiercé ! ». Dans la déception : « Oh bonne Mère, pourquoi vous m'avez pas fait toucher le tiercé, je vous avais pourtant promis que je vous porterais un cierge gros comme le bras ».

Enfin dans le malheur ou la surprise : « Oh bonne Mère, c'est pas possible d'avoir un fils aussi couillon ! ».

Outre cette interjection on ne peut plus familière, le groupe *bonne mère* entre dans l'expression : *voir la Bonne Mère à travers,* pour évoquer un tissu transparent, une personne maigre, une pièce de viande particulièrement mince : « Hè bè, qu'est-ce que c'est, cette tranche de jambon ? On y voit la Bonne Mère à travers ». A noter que, dans cette image, il faut voir la statue qui surmonte la Basilique de Notre-Dame-de-la-Garde, et non le saint personnage lui-même.

Merlusse

Nom féminin d'origine provençale : *merlusso,* morue. S'entend encore souvent : « Ton aïoli, sans merlusse, ça veut plus rien dire ».

Mestre

Nom provençal qui existait déjà en ancien français pour désigner les maîtres-artisans, les *patrons.* On le dit encore par dérision ou gentillesse quand on aborde quelqu'un : « Oh mestre, tu vas bien ? ». La forme française (maître) s'entend également.

Minot

Nom masculin provençal dont l'étymologie se trouve dans *minoun,* petit chat. Le minot, c'est un enfant : « Quand les minots jouent sur la place, ils font un de ces boucans ! ». On utilise ce mot pour condamner l'attitude d'un adulte qui se conduit de façon inconsidérée : « Ne fais pas attention à ce qu'il dit, c'est un vrai minot ». Existe au féminin : *minotte.*

Mistourinet

Cet adjectif phonétiquement fort gracieux s'emploie pour *menu,* mince, de petite taille, en parlant des personnes : « Mon Dieu qu'il est mistourinet, ton petit, on a envie de le manger, tè ».

D'origine provençale, le mot s'écrit régulièrement : *mistoulinet,* diminutif de *mistoulin, mistoulet, frêle.* Mais la frontière entre le R et le L a toujours été très floue dans la langue provençale.

Dans le même sens, on trouve : *minsourlet,* dont je ne garantis pas l'orthographe.

Mitan

Nom masculin provençal signifiant : *milieu.* S'emploie dans deux acceptions bien définies : le mitan, c'est le milieu (de la pègre) : « Je m'inquiète pour Dédé. J'ai l'impression qu'il fraye de plus en plus avec le mitan ». Autre sens : « Allez, pousse-toi, ne reste pas au mitan, tu gênes ! ».

Moco

Nom propre servant à désigner les *Méridionaux* en général, mais les Toulonnais en particulier. Le mot a été inventé par les marins bretons d'Etat qui, confrontés à ceux de Provence, reprochaient fréquemment à ces derniers d'émailler leurs phrases de : *em'àco ?* (et avec ça). Rien à voir donc avec l'orthographe très parisienne du chef-d'œuvre de Julien Duvivier : « Pépé le Moko ».

Molard

Nom masculin spécifiquement marseillais pour désigner un gros crachat. A donné le verbe « molarder » : « Il te l'a molardé en plein dans l'œil que moi ça m'aurait rendu aveugle pour le restant de mes jours ». Diminutif : molardon.

Molinàri

Patronyme d'un Marseillais fort astucieux qui, au milieu du siècle dernier, trouva la formule idéale pour aider à l'accession du gros bourdon dans la basilique de Notre-Dame-de-la-Garde. Son nom est resté synonyme de débrouillard ; on le retrouve encore aujourd'hui dans l'expression : aller chercher Molinàri, quand on se trouve devant une difficulté insurmontable : « Si vous y arrivez pas, vous aurez qu'à aller chercher Molinàri ». En fait, l'expression ne s'emploie plus guère que par ironie. Molinàri n'étant plus de ce monde, on peut supposer qu'il sera impossible de venir à bout de l'obstacle en question. C'est un euphémisme pour : laisser tomber.

Divers quartiers de Marseille revendiquent la paternité de ce Molinàri dont la popularité, dépassant les frontières de la ville, le fait naître un peu partout en Provence, d'Avignon à La Ciotat.

Momo

A Marseille, les tout petits enfants n'ont pas *bobo,* mais *momo :* « Man, y a le petit qui m'a fait momo ». Ou : « J'ai momo aux dents ».

Deux origines possibles. En provençal, *mal* se dit *maù.* C'est peut-être ce substantif qui, redoublé et prononcé à la française, aurait donné *momo.* A moins qu'il ne s'agisse de l'espagnol *momo, grimace,* qui exprimerait bien la douleur sur un visage d'enfant.

S'il faut faire un choix, j'opterai volontiers pour la première hypothèse, en raison de son explication régionale.

Monde (y a)

Pour dire qu'un lieu est envahi par la foule, le provençal dit : *i a moundé.* Directement traduite en français, la formule est encore souvent employée par plaisanterie : « Hier soir, à la réunion de M. Stàssi, y avait monde, sas ! ».

Morfale

Nom masculin francisé à partir du verbe provençal » *se morfisa,* se méfier. Le morfale, c'est l'affamé, celui qui ne mange pas mais dévore. D'où cette subtilité de méfiance, car si on n'y prend pas garde, le morfale ne laissera rien pour les autres.

Au figuré, le morfale, c'est celui qui veut tout pour lui, dont tous les appétits sont d'une extrême exigence : « Ma voisine, elle en peut plus avec son morfale de mari ».

On trouve aussi la forme provençale : morfalou. Dans ses diverses acceptions, le terme est passé dans l'argot national.

Morfler

Verbe argotique marseillais qui veut dire *recevoir une raclée :* « Elle s'est attrapée avec son mari, et elle a morflé, la pauvre ». Convient bien au sens figuré de subir une dure épreuve : « Il a drôlement morflé en perdant son travail ». S'emploie également pour signaler le coup de vieux : « Tu trouves pas qu'elle a morflé en quelques mois ? ».

Morvélous

Adjectif provençal à partir du français indélicat : *morvelle.* Le morvelous, c'est celui dont le nez mèche en permanence. A l'adresse d'un gamin ou d'un adolescent qu'on veut humilier, il correspond bien au français « morveux ». « Moi, les morvelous, ça me donne le bòmi ».

Moulégas

Adjectif provençal, déformation de *moulegous :* pâteux. S'emploie à l'intention d'un individu lent dans ses gestes et ses réactions : « Quoi, tu fréquentes le petit Mèu ? Mais c'est un vrai moulégas, je te plains, ma pauvre ».

Se dit aussi pour les choses : « Dis, tu crois pas qu'elle est un peu trop moulégas, ta pâte ? ».

Moulon

Nom masculin provençal (*mouloun :* tas, amas). S'emploie au propre comme au figuré : « Elle a un moulon de sous ». Ou encore : « En ce moment, faut pas lui adresser la parole, il a un moulon d'ennuis ».

Mounine

Nom féminin d'origine provençale : *mounino,* singe. Désigne, dans le langage populaire et même grossier, le sexe de la femme. On dit aussi : *moune,* tiré de *moùno,* la chatte. Pas besoin d'exemple pour comprendre l'emploi que l'on peut faire de ces mots.

Mourre

Substantif formé à partir du provençal *mourreja,* montrer le museau. *Faire le mourre,* c'est tout simplement *faire la gueule :* « Je sais pas ce qu'il a, en ce moment, il te fait un mourre de six pieds de long ».

Mouscaille

Nom provençal francisé : *mouscàio,* saleté. Entre dans l'expression : *être dans la mouscaille,* qui veut dire qu'on est empêtré dans les ennuis : « Je suis dans la mouscaille jusqu'au cou ». A parfois le sens plus fort d'excrément. D'où le verbe : *emmouscailler* et le pronominal *s'emmouscailler,* dont les équivalents français sont parfaitement visibles.

N

Nasole

Augmentatif formé sur le provençal : *nas,* nez. Désigne un appendice nasal des plus proéminents : « Oh fan ! Il a une nasole, peuchère, qu'il doit avoir du mal à pas tomber en avant ». Fait également office de patronyme pas très gentil à l'adresse d'un individu dont le nez accuse des dimensions peu ordinaires : « Oh, Nasole, t'es pas gêné pour boire ? ».

Néguer (se)

Verbe pronominal francisé à partir du provençal *néga,* noyer. On le trouve fréquemment sous la forme indiquée en tête de rubrique, pour envoyer quelqu'un au diable : « Hé, va te néguer, vai, au lieu de raconter n'importe quoi ! ».

Nèrvi

Mot provençal : *nerf,* mais aussi *musclé.* Au siècle dernier, les nervis étaient les porte-faix du port. Puis le mot a évolué dans le sens de : hommes de mains, mercenaires et autres spadassins. On dira bien par exemple : « Des nervis armés ont fait irruption dans l'usine occupée par les ouvriers et ont blessé plusieurs grévistes ».

Niasquer (se)

Verbe pronominal du parler populaire, *s'enivrer :* « Pour l'anniversaire de Loule, ils se sont niasqués comme des estrasses ! ». A la forme passive, indique qu'on se trouve dans un état d'ébriété bien avancé : « Pas la peine de lui faire entendre raison, il est niasqué comme un cochon ».

Nifler

Verbe de structure française tiré du provençal : *nifla,* renifler. Signifie : importuner fortement, agacer, harasser : « Ah non ! Je vais pas chez Titin, ce soir ; il me nifle avec ses histoires pas possibles". Est niflant ce qui ennuie : « La pièce, je l'ai trouvée drôlement niflante ».

Nine

Francisation du provençal *nino,* petite fille. A rapprocher de l'italien *nina* et de l'espagnol *niña,* même sens. S'emploie affectueusement à l'adresse d'une fillette, d'une adolescente et même d'une femme adulte. Ainsi les partisanes du marché à leurs clientes : « Et avec ça, ma nine, qu'est-ce que je te mets ? ».

Niston

Tiré du provençal *nistoun,* mince, fluet. Désigne les enfants :« Y a les nistons, dans la rue, ils font un brave boucan, sas ! ». S'emploie également pour signaler la petite taille d'un adulte : « Mon Dieu, mais c'est un niston, ton collègue ! », ou encore l'état d'esprit d'un individu incroyablement naïf : « Qu'est-ce qu'il est resté niston, lui alors ! ».

Au féminin, fait *nistonne.*

Nono

Mot enfantin correspondant au français *dodo.* En langue provençale, désigne le *berceau. Avoir nono,* c'est avoir sommeil. *Aller au nono,* aller se coucher. *Faire nono,* dormir : *« Chut, mon petit frère, il fait nono ! ».*

Nòvi

Nom commun pluriel désignant les *fiancés* mais plus encore les *jeunes mariés.* Se dit aussi affectueusement pour un vieux couple : « Alors, les nòvi, ça va comme vous voulez ? ».

O

Œil (tomber un)

Expression imagée pour signaler la rareté d'un fait : « Il vient me voir chaque fois qu'il lui tombe un œil ». Donc jamais, ou presque.

Offusqué

Participe passé du verbe français : offusquer. Mais, par un étrange cheminement, dont l'origine se confond sans doute avec *occupé,* le mot en est venu à prendre ce sens vicieux. Authentique : dans une rédaction, un élève de cours élémentaire écrivait il y a peu : « La ménagère était offusquée devant ses fourneaux ».

Olives (changer l'eau aux)

Les olives et les parties génitales de l'homme présentant une certaine similitude morphologique, on comprend aisément le sens de cette expression colorée : « T'as pas envie de pisser, toi ? Allez, viens, on va changer l'eau aux olives ».

Oncle

Nom masculin français que les Marseillais emploient à satiété lorsqu'ils interpellent une connaissance ou même un ami, pourvu qu'il soit d'âge mûr : « Oh, l'oncle, ils étaient bons ces coquillages ? ». Forme originelle : *ouncle.*

Oursins (dans la poche)

Le nom de cet animal marin fort apprécié des amateurs de fruits de mer, entre dans la composition de cette amusante expression : *avoir des oursins dans la poche,* que l'on emploie quand on veut flétrir l'avarice de quelqu'un. On comprend pourquoi. Si par extraordinaire il nous arrivait d'avoir des oursins dans nos poches, il est certain qu'à cause de leur protection fort épineuse, notre main ne se glisserait pas souvent dans celles-ci : « Hè bè, lui alors ! il propose jamais de payer sa tournée. Qu'est-ce qu'il doit avoir comme oursins dans la poche ! ».

P

Pachole

Nom féminin d'origine provençale : *pachòlo,* pâtée de son et d'herbe ; tripotage. C'est vraisemblablement cette dernière acception qui a fait de ce mot l'équivalent du sexe féminin dans la langue triviale. D'où cette mauvaise plaisanterie des chenapans de certains quartiers de Marseille à l'intention d'une jeune fille : « Excusez-moi, vous ne vous appelez pas Chole ? » *Pacholasse* est très vulgaire.

Pacoulin

Nom masculin vraisemblablement dérivé de *pacan,* manant, paysan, mais avec une forte nuance de mépris ; le pacoulin, c'est, en bon français, le *péquenot :* « Qu'est-ce que c'est, cette bande de pacoulins, d'où ils arrivent ? ». *Pacoulinas* dit plus encore. *Pacoule* désigne le petit village, le trou, le bled : *Débarquer de sa pacoule* est l'équivalent du français *tomber des nues,* découvrir une vérité connue de tous : « Hè ? Tu savais pas que Mémène elle a eu quatre petits et qu'elle sait pas de qui ? Tu débarques de ta pacoule, ou quoi ? ».

Dans ce sens, l'argot actuel dit bien : il faut sortir de temps en temps !

Palo

Nom provençal féminin : *pelle,* passé au genre masculin en marseillais pour former la locution : rouler un palo, donner un baiser lingual. On en trouve d'ailleurs la parfaite transcription littérale en argot français : rouler une pelle. On dira bien : « Il te lui a roulé un palo que si elle y a pas laissé les dents, peuchère ! ».

L'augmentatif féminin *paloche* existe également.

Panade

Nom français d'origine provençale : *panàdo,* panée. Outre son sens propre, ce mot est employé au sens figuré pour désigner de gros ennuis : « Il est dans une panade, j'aimerais pas être à sa place ».

Papé

Nom masculin provençal : *grand-père* dans le langage des enfants. Ainsi : « Dis Papé, mon petit Papé chéri, tu me donnes des sous pour ma cache-maille ? ». Sans lien de parenté, le papé, c'est l'ancien, le patriarche du quartier. L'ancêtre respecté, en somme.

Pardon

Nom masculin français utilisé comme interjection en fin de phrase quand on veut dire qu'on refuse, qu'on n'est pas d'accord : « Que j'aille à Paris avec toi ? Tè, pardon, hè ». A rapprocher du français populaire : tu rigoles !

Pareil comme

Adjectif et adverbe français incorrectement employés pour *pareil à.* Les Marseillais disent souvent : « Tes chaussures, elles sont pareilles comme les miennes ».

Parole (retirer la)

Nom féminin entrant dans une locution dont le sens est : *ne plus adresser la parole* à quelqu'un, parce qu'il s'est mal conduit : « Après ce qu'il m'a fait, je lui ai retiré la parole ». Dans le même sens, on dit aussi : *lever la parole ; retirer le parler.*

Parpeléger

Verbe de structure française formé sur le provençal : *par péléja,* clignoter. Se dit de quelqu'un dont les paupières se relèvent et s'abaissent en permanence : « Il m'énerve, çui-là, avec ses yeux qui parpelègent sans arrêt ; ça me fatigue ».

Partisane

Nom féminin provençal d'origine française mais dont le sens est bien spécifique : la partisane est la *revendeuse* de produits comestibles sur les marchés. Ainsi : « Dis, tu veux quand même pas faire la partisane comme ta pauvre mère et passer ta vie à tous les vents ! ». Vient du verbe : *répartir* (distribuer, vendre).

Passi

Adjectif formé à partir du participe passé de *passa,* passer. S'applique à une chose ou un individu fané, plus très jeune, donc *passé :* « Il a beau faire du genre, on voit bien qu'il est passi, va ! ». Au féminin fait : passide.

Pastaga

Nom masculin marseillais, diminutif familier du *pastis,* boisson bien connue à l'anis : « Oh, gàrri, encore un pastaga ? ».

Pastis

Nom masculin provençal ayant le sens de : *désordre,* confusion. A l'origine, le mot désignait une pâtisserie. Puis il a été attribué à la boisson la plus populaire de Marseille et peut-être même aujourd'hui de France. Mêlé à l'eau qui le coupe, le pastis que l'on doit indique bien quelque chose de trouble : « Oh là là, qué pastis, la circulation en ville ». Etre dans le pastis, ou mieux encore, en plein pastis, c'est se trouver fort embarrassé ». « Je suis dans un pastis que je sais pas comment je vais m'en sortir ».

Le substantif a donné le verbe *pastisser :* maculer, salir.

Par exemple, « Ton petit, il est peut-être bien brave, mais qu'est-ce qu'il pastisse, regarde-le, il est tout sale ».

Pastisson

Nom masculin d'origine provençale : *pastissoun,* petit pâté. Signifie *gifle* : « Tais-toi, ou je t'envoie un de ces pastissons ! ».

Pataras

Nom masculin provençal : *haillon.* C'est le mot qu'on emploie le plus facilement pour qualifier un individu mal habillé, désordonné dans la tâche qu'il a à accomplir. Le pataras c'est aussi celui qui bâcle son travail : « Si tu étais un peu moins pataras, tu trouverais peut-être plus facilement une gâche". Au féminin, fait : *patarasse.*

Pàti

Nom masculin provençal qui désignait jadis l'endroit du logement où étaient rassemblées les ordures avant de les jeter à la rue. Est resté pour indiquer les lieux d'aisance : « Tu cherches Monette ? Elle est au pàti ».

On emploie également ce mot pour indiquer une situation pénible, inextricable : « Je suis dans un pàti, si tu savais ! ».

Un *« mains de pàti »* c'est quelqu'un dont les capacités manuelles laissent grandement à désirer : « Qué mains de pàti ! Pour planter un clou, il te fait un trou dans le mur ! ».

Mettre le pàti, c'est à la fois faire des embrouilles entre des personnes et détruire le bon ordre d'un lieu : « Çui-là, comme metteur de pàti, il se pose un peu là ! ».

Patin-couffin

Groupe de mots francisés d'origine provençale : *pati-couffi.* On l'utilise couramment en équivalence au français : et patati et patata. Exemple : « Elle m'a raconté ses malheurs, ses problèmes avec son mari, et patin-couffin ».

Pauvre

Adjectif français utilisé en lieu et place de *« ça alors ! ».* Par exemple : « Oh pauvre ! J'aurais jamais cru qu'il réussisse ! ». Se dit aussi pour distiller le doute chez l'interlocuteur ou l'adversaire : « Oh pauvre ! Tu risques pas d'y arriver, c'est trop dur pour toi ». En provençal : *paure de nautre !* Pauvres de nous !

Pébron

Francisation du provençal *pebroun,* piment, d'ailleurs souvent et abusivement utilisé pour *poivron.* On s'en sert pour signaler la rougeur de quelqu'un : « Quand elle a ouvert la porte et qu'elle l'a vu tout nu, elle est venue comme un pébron, peuchère ! ».

Pècou

Nom provençal, traduction du français : *queue,* pour certains fruits. S'emploie toujours dans ce sens-là : « Si tu manges une poire, petit, n'oublie pas d'enlever le pècou ». C'est le même terme qu'on emploie pour décrire cette sorte de pédoncule de tissu qui dépasse du dessus de certaines coiffes : « T'as vu le pècou qu'il a sur son béret ? ».

Pégal

Nom masculin méridional, peut-être du provençal : *pégaù,* broc, cruche ou folie. *Aller au pégal,* c'est partir loin. Envoyer quelqu'un au pégal équivaut au français l'envoyer au diable : « Hé, va au pégal, counas ! ».

Pégon

Substantif et adjectif tiré du provençal *pégoun,* importun. Même sens : « Excuse-moi d'être en retard, mais je me suis fait aganter par ce pégon de Sissou, que j'arrivais plus à m'en dépéguer ».

Pégous

Adjectif provençal formé sur *pègo,* la poix. Est pégous tout ce qui colle aux doigts : « Du miel ? Je risque pas d'en manger, c'est pégous comme tout ! ».

D'un individu, signifie qu'on ne peut s'en défaire : « Il est beaú, ce jeune, mais un peu trop pégous à mon goût ! ».

Pègue

Nom féminin d'origine provençale : *pègo,* poix. S'applique à quelqu'un que l'on trouve un peu trop présent, trop proche : « Elle est pègue que j'en peux plus ! ». A donné le verbe intransitif : péguer, coller aux doigts : « Ce fruit, il me pègue les doigts ».

Peine

Nom féminin français qui, dans le groupe : faire peine, signifie *apitoyer.* Exemple : « Il fait peine, ce petit malheureux ». Sous la même forme, peut prendre une nuance très ironique : « Hé, fada, tu vois pas que tu fais peine, avec tes grandes idées ! ». L'expression *à peine,* correspond au français : sur l'instant. Ainsi : « Elle arrive à peine à cause des embouteillages ».

Pénéquet

Nom masculin tiré du verbe provençal : *penequeja,* se traîner avec nonchalance, être indolent. Par extension, désigne un petit somme, la sieste : « Après la bouillabaisse, on s'est fait un de ces pénéquets, un vrai régal ! ».

Pénible

Adjectif d'origine française au sens détourné que l'on applique à une personne *difficile* à vivre : « Il est brave, peuchère, mais c'est un gros pénible ». Peut aussi s'adresser à une femme très regardante sur la netteté de son intérieur : « Qu'est-ce qu'elle est pénible, avec sa propreté ! ».

Le même adjectif est employé à l'égard de quiconque est trop soucieux de son état de santé, se préoccupe inutilement et sans véritable raison. En gros, *être pénible* c'est se tracasser souvent pour pas grand-chose, et au détriment de son entourage.

Penses (toi)

Verbe français usité comme interjection, équivalent du français : *penses-tu !* Mais les Marseillais disent plus volontiers : penses-toi ! Exemple : « Penses-toi s'il va revenir, après ce que tu lui as dit ! ». Employé seul, correspond à : allons donc !

Pescadou

Nom masculin provençal : *pêcheur.* S'emploie encore très souvent sous sa forme originale : « Tè, vé, les pescadous sont de retour ».

Pet'

Mot provençal : pet, détonation. Mais aussi éclat : « Mon accident, ça a rien été, juste un pet' sur l'aile gauche ».

Pet

Le même que le précédent, mais retrouve sa prononciation française pour former plusieurs expressions : *aller au pet :* provoquer un éclat, semer la discorde. *Faire du pet :* créer un scandale, chercher querelle.

Pétadou

De même origine, ce mot désigne d'abord une arme explosive, puis la partie la plus charnue de l'être humain : « T'as vu le pétadou qu'elle a ? Je plains les chaises, peuchère ! ».

Pétard

Nom masculin français employé pour désigner la partie la plus charnue du corps de l'homme mais plus souvent de la femme : « Elle a un pétard du tonnerre de Dieu ». On le rencontre dans l'interjection : « Oh pétard ! » tout droit sortie de la bouche de ceux qui trouvent déplacé de s'écrier : « Oh putain ! qu'il est beau ce film ».

Pète

Nom féminin d'origine provençale : *pèto,* crotte. S'applique plus précisément aux excréments des chèvres et autres caprins. A inspiré l'expression : *noir comme une pète* pour parler de quelqu'un au teint bronzé : « A force d'aller à la mer, elle est noire comme une pète ».

Autre forme : pétoule, du provençal : *petoulo.*

Péton

Nom francisé à partir du provençal : *petoun,* broutille. Désigne une petite quantité : « Tiens, redonne-moi un péton de daube ».

Peuchère

Interjection employée pour exprimer la pitié, la compassion ou, au contraire, l'ironie : « Il est malade, peuchère ». Ou : « Si tu crois me gagner aux boules, peuchère ! il faudra te lever de bon matin ». La forme provençale est *pecaïre,* celui qui commet des péchés et qui, de ce fait, est bien à plaindre. Les Marseillais l'ont d'abord francisée en *péchère* rapidement devenu *peuchère.*

Piacàmpi

Nom masculin définissant un individu douteux, qui fait les choses sans soin ; ou dont on ignore l'origine des ressources. Dans ce dernier sens, est à rapprocher de *rastaquouère,* sans qu'il soit forcément question d'un étranger : « Ne lui confie surtout pas ce travail, c'est un vrai piacàmpi ! ».

Certaines personnes prononcent la première syllabe fortement détachée en *pi-a ;* ce qui paraît logique en regard de l'étymologie du mot : *piha,* piller en provençal, et *campis* (S final non prononcé), le fripon.

Piade

Francisation du provençal *piàdo,* trace de pas : « Hé, ne marche pas, que je viens de passer la pièce et tu vas me faire des piades ! ».

Dans le vocabulaire de la pêche, le mot s'applique au *bernard-l'ermite.*

Picon

Nom masculin tiré de la marque d'apéritif Picon. Cette société avait pour habitude d'acheter en masse des écorces d'oranges entrant dans la composition de ses produits. Ainsi écalés, les fruits étaient revendus sur les marchés à moindre prix. Picon est resté pour désigner ces oranges-là : « Si tu passes par la rue Longue, tu es brave, tu me ramènes un kilo de picons ».

Pièce

Nom féminin français provençalisé dans le sens de : *morceau de tissu.* Mais on entend essentiellement ce vocable à la place de serpillière : « Tè, petite, prends la pièce et frotte-moi les mallons ».

Pierre

Nom féminin français utilisé dans le sens de *morceau :* « Va au droguiste me prendre une pierre de savon ».

Pigeonne

Nom déposé d'une eau de Javel jadis en grande estime et que certains utilisent encore aujourd'hui à la place de cette dernière : « Passe-moi la pigeonne qui est sous la pile ».

Pigne

Nom féminin francisé à partir du provençal *pigno,* pomme de pin : « Si on ramassait des pignes pour le barbecue ? ». Synonyme de crâne, on le trouve dans : recevoir un coup sur la pigne. Exemple : « Il est jobastre, il a dû recevoir un coup sur la pigne quand il était petit ».

Pile

Nom féminin d'origine provençale, équivalent du français : *évier.* Il est encore fréquemment employé même par les jeunes générations : « Va te laver les mains à la pile ».

Piler

Du provençal *pila,* broyer, qui a aussi donné pilon. « Boudie qu'il m'énerve ! Je le pilerais ! » se dit de quelqu'un d'irritant.

Piquer

Verbe français, déformation du provençal : *pica,* battre. Si bien que si en français on dit : ça pique, pour *il fait froid,* à Marseille, c'est précisément le contraire : « Qu'est-ce que ça pique, aujourd'hui », autrement dit, le soleil frappe dur.

Pissadou

Nom masculin provençal, *de pissa,* pisser. Le pissadou désigne un endroit destiné aux fonctions urinaires : « Le coin de la rue, ça emboucane, c'est un vrai pissadou ». S'applique également au vase de nuit, en usage il n'y a pas si longtemps encore.

Et à tout récipient de grandes dimensions : boire un pissadou de café !

Pistachier

Nom masculin à partir du provençal : *pistachié,* paillard, coureur de jupons. Mistral l'emploie d'ailleurs dans ce sens. Parlant d'un individu de cette espèce, on dira bien « Mèfi, ma petite, tu sors avec ce type ? Mais tu sais pas que c'est un drôle de pistachier ! ».

Pistou

Nom masculin désignant la pommade faite de basilic, de pulpe de tomate, d'ail, de fromage râpé et quelquefois de jaune d'œuf, qui sert d'accompagnement à une soupe de légumes fort appréciée dans tout le sud-est.

Par extension, le mot pistou désigne la soupe elle-même et souvent, mais de manière abusive, le *basilic :* « Si tu passes par la rue Longue, ramène-moi un brin de pistou ». Ou encore : « Dimanche, on s'est fait péter le bédélet avec un pistou que si tu y avais été, tu m'en dirais des nouvelles ! ».

Le mot *pistou* est formé à partir du verbe provençal *pista,* piler, tiré du latin *pistus,* pilé.

Pitchot

Adjectif provençal (pichot) signifiant *petit.* Au féminin fait *pitchote.* Diminutifs : pitchoun, pitchoune, pitchounet, pitchounette. S'emploie affectueusement : « Alors, pitchot, on va à l'école ? ». Et aussi : « Mon Dieu qu'elle est belle, peuchère ! pitchoune comme elle est ! ».

Pite

Nom féminin tiré du provençal *pitado,* coup de bec. S'emploie pour point, tache, spécialement sur la peau, comme les taches de rousseur : « C'est pas qu'elle serait laide, la pauvre, mais avec toutes les pites qu'elle a sur la figure, elle est guère attirante ! ».

On trouve l'adjectif *pité,* parsemé de petits points : « T'as vu ta belle nappe, elle est toute pitée ! ».

Piter

Verbe de structure française à partir du provençal : *pita,* mordre à l'hameçon. Ne s'applique pas seulement aux pêcheurs à la ligne. Au figuré, veut bien dire : se faire avoir, être victime d'une mystification : « On peut lui raconter ce qu'on veut, il pite à tous les coups ». Sous cette forme, le terme a gagné l'argot national.

Autre sens particulier de piter : toujours à partir du provençal *pita,* mordre à l'hameçon, mais aussi becqueter, celui de se servir plus ou moins subrepticement dans un plat en préparation ou déjà servi à table, mais toujours en petite quantité. La maîtresse de maison dira bien : « Arrête de piter, que tu vas plus rien manger, après ! ».

On emploie aussi ce verbe pour : *manger peu.* Ainsi : « Je sais pas ce qu'il a en ce moment, il mange rien, il pite ! ».

Plan-plan

Locution adverbiale tirée du provençal : *plan,* calme. S'emploie très bien quand on veut dire qu'il ne faut pas se presser, qu'on a tout son temps : « Oh dis, oh, vas-y plan-plan, y a pas le feu ». A donné : *sant-plan :* saint, béat. Notion péjorative à l'intention de quelqu'un qui, cette fois, fait un peu trop traîner en longueur ce qu'il a à faire : « Avec lui, tu sais, faut pas être pressé, il est sant-plant que c'est pas croyable ! ».

Platine

Nom féminin tiré du provençal : *platino,* barde. Exclusivement employé pour désigner une tranche de lard dont on bardera une volaille à cuire : « Tè, vé, donnez-moi donc aussi deux platines de lard ».

Platras

Nom masculin d'origine provençale, déformation de *platas,* bordée. Définit un grand nombre de choses : « Tu as vu ce platras de voitures, sur le parking ? ».

Au figuré : « Il m'a raconté tout un platras d'âneries ».

Plier

Verbe français dont le sens marseillais est aussi : faire un paquet. Ainsi : « Je vous la plie ? » demandera le marchand de vin en parlant de la bouteille que vient de choisir son client.

Plomber

Verbe francisé à partir du provençal : *ploumba,* plomber. On utilise ce terme quand on veut dire qu'il fait très chaud, que le soleil est difficilement supportable : « Qu'est-ce que ça plombe, depuis quelques jours, vivement qu'on soille cet hiver ! ».

Plumet

Nom masculin tiré du provençal *ploumet,* niveau de plomb. Quand il « tombe un plumet que pardon », cela signifie que le soleil frappe si dur qu'on risque l'insolation : « Je comprends cette pauvre Mireille qu'elle se soit estramassée dans cette putain de Crau, avec le plumet qui y tombe ! ».

Plus mieux

Adverbes français inutilement doublés dont les Marseillais font un emploi courant pour renchérir : « Tes chaussures, elles sont plus mieux que les miennes ».

Dans le sens opposé, on trouve *plus pire :* « Il est vraiment plus pire que son petit frère ». Evidemment, ces formes sont fautives.

Poivre d'âne

Traduction littérale du provençal *pebre d'aï,* et *pebre d'ase,* dont l'équivalent français est : sarriette. On dit que cette plante, outre ses vertus curatives bien connues, a la propriété de faire avancer l'âne récalcitrant si on lui en frotte le... dessous de la queue.

Pomme d'Amour

En Provence, on dit encore très souvent *pomme d'amour (poumo d'amour)* pour tomate.

De fait, ce doux vocable est une survivance des siècles passés. En effet, originaire d'Amérique centrale, où les Aztèques l'appelaient *tomat,* ce fruit de la famille des solanacées est arrivé dans la vieille Europe au XVIe siècle, où on lui prêta tout de suite des vertus aphrodisiaques. D'où son nom de pomme d'amour (en concurrence avec *pomme dorée*). Les Espagnols ont traduit le mot aztèque en *tomate,* qui est passé en France seulement vers la fin du XVIIIe siècle. A noter que, récemment encore, sur un marché de Normandie, un Marseillais a vu des tomates et des pommes d'amour, affichées distinctement. A sa question sur la différence entre les deux, on lui a répondu que les tomates se cultivent dans la région parisienne et les pommes d'amour en Provence.

Porter

Verbe français abusivement employé pour apporter et emporter : « Tè, je vous porte le livre que vous m'avez demandé ».

Poser (se le)

Verbe français employé au sens de *s'asseoir :* « Tè hè, je suis crevé, je me le pose un peu, si ça vous fait rien, qué !". On voit à quelle partie du corps ce « le » se rapporte.

Poubelaïre

Nom masculin de structure locale, formé à partir de *poubelle.* Désigne l'éboueur (que les Marseillais appellent aussi : boueux). On l'emploie à l'adresse d'un individu qui se néglige, surtout au plan vestimentaire : « Je sais pas ce qu'il a en ce moment, il fait de plus en plus poubelaïre ! ». Surtout si, en plus, il est mal rasé et mal peigné.

Poufiasse

Nom féminin d'origine provençale : *poùfi,* se gorger de. S'applique à une femme aux mensurations impressionnantes. Par extension, on trouve ce terme, des plus injurieux, pour définir une femme sans mœurs honorables, d'une conduite éhontée ou simplement perfide et scélérate : « Va donc, hé poufiasse ! » demeure sans doute l'injure la plus forte. Il existe aussi le diminutif : *pouf,* dans cette dernière acception.

Poulit (sian)

Adjectif provençal signifiant : *joli.* Le féminin est : poulide. Ne s'emploie plus seul mais seulement dans le groupe : *sian poulit,* pour dire que l'on se trouve dans de beaux draps : « Alors oui, tiens, pour le coup, si tu perds ton travail, sian poulit ». Littéralement : nous sommes jolis, quelle catastrophe !

Poupre

Nom masculin francisé à partir du provençal : *poupre, poulpe.* Traiter un homme de poupre, c'est lui dénier toute habileté manuelle : « Non, mais, tu l'as vu, ce poupre ! ».

Faire des yeux de poupre se dit pour : avoir de gros yeux.

Prendre le poupre, c'est se mettre en colère ; et aussi être surpris par l'orage.

Pourquoi

Adverbe français que l'on entend quelquefois encore à la place de : *parce que.* L'ambivalence du *« perqué »* provençal (à la fois pourquoi et parce que) tout comme celle de l'italien « perche » et l'espagnol « porque » y sont très certainement pour quelque chose : « Je veux te marier pourquoi je t'aime » dira le càcou à la petite qu'il convoite..

Préférer (mieux)

Verbe français souvent employé de façon vicieuse avec « mieux ». Car les Marseillais, peut-être excessifs, ne se contentent pas de préférer, il faut qu'ils en rajoutent : « Plutôt que d'aller me gonfler à cette conférence, ce soir, je préfère mieux aller me coucher ».

Profiter

Verbe français que les Marseillais emploient abusivement et de manière intransitive. C'est le terme qui convient le mieux quand on parle de quelqu'un, surtout d'un enfant, qui prend du poids : « Tu trouves qu'il profite ? Pas étonnant, avec ce qu'il s'ingurgite ! ».

Propre (de)

Adjectif français entrant dans le groupe : *se mettre de propre,* changer de vêtements : « Dis, j'espère que tu vas te mettre de propre, aujourd'hui que c'est dimanche ! ».

Proun (n'ia)

Adverbe provençal correspondant au français *« assez ».* On l'emploie très fréquemment dans la locution : n'i a proun, pour signifier que *cela suffit,* qu'il y en a assez, Importuné, on dira donc : « Bon, maintenant, n'i a proun, tu te calmes ou je t'envoie un de ces bendeùs ! ».

Putanier

Nom masculin d'origine provençale qui sert à désigner un homme du genre *chaud lapin* mais peu regardant quant à la qualité de ses conquêtes : « Le Toine, il est tellement putanier, qu'il se ferait même une chèvre ».

Putarasse

Nom féminin d'origine provençale, augmentatif d'un mot français bien connu. Qualifie de manière fort triviale une femme se conduisant de la pire façon au plan de la morale traditionnelle : « Je lui adresse plus la parole, à cette putarasse ! ».

Q

Qué

Interjection extrêmement fréquente que l'on rencontre à peu près dans toutes les phrases. Peut vouloir dire : *n'est-ce pas.* Comme dans cet exemple : « Tu me les prêteras, les sous que je t'ai demandés, qué ? ».

En début de phrase, induit une subtilité comminatoire : « Qué ! Elle voudra pas m'épouser ! Tu vas voir, tè ! ». Correspond alors au français : *« Comment ça ! ».* On connaît la réplique fameuse de Marius à César dans la trilogie : « Qué ! Qué ! Ton pauvre enfant ! » Nuance admirative : « Qué femme ! », quelle femme !

Quèli

Mot provençal désignant le *pot de chambre,* et encore utilisé parfois sous sa forme d'origine ; « Vite, passe le quèli au papé, qu'il se sent plus et il va encore faire partout ! ».

Qu'es aco ?

Groupe de mots signifiant : *« Qu'est-ce que c'est que ça ? ».* Les Marseillais l'ont conservé sous sa forme d'origine vraisemblablement pour appuyer : « Quoi ! Tu a mis la petite enceinte et tu veux pas la marier ? Qu'es aco ? ». Le sens serait donc plutôt : non mais ! qu'est-ce que ça veut dire !

Quichié

Nom masculin provençal désignant un *morceau de pain* imprégné d'huile d'olive et d'anchois écrasés : « Tè, j'ai comme un creux ; je vais me faire un quichié ».

Quicon

Mot provençal correspondant au français : *quelque chose.* Mais la proximité de prononciation entre ce terme et celle de « quaùcun », qui veut dire « quelqu'un » a dû amener une confusion telle qu'aujourd'hui « quicon » est très largement usité en lieu et place du mot juste : « Ton petit, on peut pas dire que c'est un stàssi : moi je dirais même que c'est quicon ! ».

Ce « quicon » est l'exact pendant du français *« quelqu'un »* dans des phrases comme : « Méfie-toi de lui, c'est quicon ! » ; il est rusé, il ne manque pas d'audace ni même de culot, il est prêt à tout, et ainsi de suite...

Quignon

Nom masculin d'origine provençale désignant l'extrémité d'une baguette de pain : « Moi, un bon quignon frotté d'ail, tè vé, j'en ai assez, j'ai plus besoin de rien ».

En français, le quignon n'est qu'un morceau de pain.

Quique

Nom féminin marseillais désignant, à l'origine, le sexe de l'homme. Se dit encore dans ce sens-là, mais on le trouve plus souvent dans son interprétation amicale ou affectueuse : « Mais où elle est, ma belle quique ? » dira la jeune mère raffolant de son tout petit enfant. Les partisanes (voir ce mot) ne dédaignent pas d'en faire un usage fréquent à l'adresse de leurs clientes : « Et avec ça, ma quique, qu'est-ce que je te mets ? ».

Apostrophe très familière : « Oh, quique belle, tu es de retour ? ». Dans le premier sens, il existe le diminutif : quiquette.

Pour en revenir au sens premier, le seul terme provençal, se rapprochant le plus de ce vocable, est : *quicon,* quelque chose. Est-ce à dire que les Marseillais, par une pudeur excessive, aient imaginé cette astuce euphémistique pour ne pas appeler un chat un chat et n'aient rien trouvé de mieux que ce neutre « quelque chose » pour « membre viril » ?

Le terme affectueux *« quìcou »,* souvent appliqué aux jeunes enfants, est à rapprocher de cette étymologie.

R

Radasse

Terme injurieux s'appliquant à une femme de petite vertu : « Elle est encore là, cette radasse ? ». Vient du provençal *radàsso,* traînée : du verbe *se radassa,* se vautrer, mal se conduire : « Où tu es allée te radasser, dis, espèce de cagole ! ». Mais *se radasser,* c'est aussi *fainéanter,* paresser : « Au lieu de se radasser toute la sainte journée, il ferait plus mieux de chercher du travail ! ».

Le *radassié* est un canapé long et large, utilisé pour la sieste dans les bastides bourgeoises du siècle dernier.

Rambler (se)

Verbe de structure française formé sur le provençal : *se ramba,* se ranger. Son usage est spécifiquement figuré ; se rambler, c'est faire amende honorable, marcher la queue entre les jambes dans le but de retrouver un avantage ou une estime perdue : « Depuis qu'il est revenu vivre avec sa femme, faut voir comme il se ramble ! ». En français : se tenir à carreaux.

Rapaillon

Nom masculin formé de *rapaïoun,* sentier caillouteux en côte : « Tu crois pas que je vais monter ce rapaillon, des fois ! ». Equivalent français : raidillon.

Rappeler (se)

Verbe français abusement employé pour *« assurer que » :* « Rappelle-toi que c'est un brave gansailleur », je te le garantis, la chose est certaine.

Raquer

Verbe francisé tiré du provençal : *raca,* vomir. Est passé dans l'argot national dans le même sens : « Il a tellement bu qu'il a raqué tout ce qu'il savait ». Mais les Marseillais ont mal accepté, semble-t-il, le deuxième sens qui est : payer, mettre la main à la poche. Cette acception se rencontre plus dans l'argot du titi parisien, mais l'origine du mot est la même.

Rascous

Adjectif provençal à partir de *ràsco,* teigne. A d'abord signifié : méchant. Aujourd'hui, s'applique plus précisément à une personne avare, très près de ses sous : « Je sors plus avec ce rascous ; à chaque fois, il me fait manquer ! ».

Ràspi

Adjectif provençal *raspet,* râpé, raclé. Désigne une personne près de ses sous : « Hè bè, qué raspi ! Il a pas de figure ».

La *raspe* désignait jadis les restes de gâteaux invendus que les commerçants cédaient à bas prix.

Rasqueux

Adjectif à partir du provençal : *ràsco,* teigne. Initialement, est rasqueux ce qui est rugueux au toucher, qui râpe la main. Par extension, s'applique à un individu malingre et chétif : « Mais tu lui donnes rien à manger, à ton petit, tu vois pas comme il est rasqueux ! ».

Rastègue

Nom provençal : *pauvre hère.* S'utilise de manière péjorative et méprisante quand on veut parler de quelqu'un d'un peu miséreux, mais plus encore pour rabaisser : « Dans mon quartier, c'est plus guère vivable, avec tous ces rastègues ! ».

Ratailllon

Nom masculin francisé tiré du provençal : *rétaïoun,* menus morceaux. S'applique uniquement à l'alimentation, et désigne ce qui reste dans le plat : « Tu vas quand même pas me laisser ces rataillons ! Sinon, je les jette ! ».

Ratepenade

Nom féminin formé à partir de *rato penado,* que l'on utilise à l'adresse d'une personne malingre, chétive, étriquée, un peu misérabiliste : « La tante à Titin, la pauvre, elle ressemble de plus en plus à une ratepenade ! ».

Mot à mot, la *rato penado* désigne une souris en peine, c'est le nom provençal de la chauve-souris, peut-être parce que ce rat ailé mais déplumé éprouverait des difficultés de locomotion à cause de son manque de vision, aujourd'hui récusé par la science.

Ratounes

Dans le langage des enfants, désigne les dents : « Boudie, qu'il en a de belles ratounes, mon bébé adoré que je vais me le manger ! » s'écriera la mère admirative.

Vient du provençal : *ratouno,* petite souris, puis quenotte, comme en français. Peut-être à cause de l'importance des incisives chez les rongeurs. Du reste, s'emploie fréquemment avec ironie pour se moquer de la denture un peu trop proéminente d'un adulte : « Hè bè, celle-là, avec les ratounes qu'elle a, si elle te le prend, elle te le mord ! ». On devine à quoi s'applique ce « le ».

Ravan

Nom masculin provençal : *menu fretin,* chose sans importance. S'applique aux choses en mauvais état, et aux personnes laides ou vieilles : « Ta voiture, tu pourrais en changer, tu vois pas que c'est un ravan ! ». S'agissant de quelqu'un : « Assieds-toi, tu vas pas en revenir ; Toine il a quitté sa femme pour un ravan, si tu voyais ça ! ».

Ravi

Forme substantive du participe passé provençal : *ravi,* qui est aux anges. On le trouve comme nom propre dans la crèche : le Ravi, c'est l'étonné, le simple, le naïf. S'applique tout à fait bien à un individu candide et toujours content : « Regarde-moi-le, il est toujours content, tè, vé, on dirait le Ravi ».

Regardaïre

Nom masculin formé à partir du provençal : *regard,* qui signifie la même chose qu'en français. Est regardaïre, à l'origine, le spectateur. Mais dans le langage courant, le mot s'applique à ceux qui observent avec une insistance proche du voyeurisme : « Dis, espèce de regardaïre, t'as rien d'autre à faire qu'espincher ? ».

Regardelles

Nom féminin pluriel formé à partir de *regarder.* Ce mot est utilisé pour définir le peu de nourriture qui se trouve dans une assiette : « Je risque plus d'aller manger chez elle ; quand même, inviter les gens pour leur faire manger des regardelles, qué toupet ! ».

Reïner

Déformation francisée du verbe provençal : *reina,* maugréer. Se dit souvent avec agacement de quelqu'un qui passe son temps à se plaindre, de tout et de rien, notamment les enfants grognons : « Il m'énerve à reïner comme ça, il sait même pas pourquoi ».

Reléguer

Verbe français signifiant : condamner à la relégation ; exiler. Mais le sens marseillais est : mettre mal en point, qu'il s'agisse d'une chose : « Le con ! il m'a relégué le disque que j'y avais prêté », ou d'une personne : « Il te l'a relégué d'un coup de tête, vite fait, bien fait ». Etre relégué, c'est être exténué, à bout de forces et de souffle : « Ce voyage a été pénible, je suis relégué ».

Remettre (se)

Verbe pronominal d'origine française qui ne veut plus dire seulement : reprendre ses esprits ou son souffle, mais plus simplement *s'asseoir :* « Je vous en prie, remettez-vous » dira-t-on à un visiteur en lui montrant un siège.

Renverser (se)

Verbe français que l'on emploie pour *aller se coucher :* « Ton aïoli, y m'a escagassé. Tè, je vais un peu me renverser ». Se dit bien pour *faire un petit somme.*

Répépier

Verbe de structure française tiré du provençal : *repepia,* radoter, répéter inlassablement. Exemple, « Moi, cette vieille, vraiment, elle me fatigue à répépier toujours la même chose ! ».

Reprocher

Verbe français remplaçant abusivement : *provoquer des renvois.* Ainsi on dira bien : « Je mange plus de poivrons, ça me reproche trop, après je peux plus dormir ».

Resquiller

Verbe provençal : *resquiha,* glisser. Usité sous une forme francisée. Resquiller, c'est, en général, entrer dans un lieu payant sans passer par la caisse. Pour cette opération, il faut savoir se glisser parmi la foule, tout comme ceux qui, jadis, glissaient en dansant la *resquiho.* Le substantif *resquilleur* est couramment employé.

Rester

Verbe au sens très particulier dans le parler marseillais, où il équivaut au français : *se porter.* Ainsi, quand on demande des nouvelles d'une personne familière, on lance un vigoureux : « Alors, comment tu restes ? ». C'est aussi *habiter :* « Tu restes où, toi ? ».

Risade

Nom féminin formé sur le provençal *risàdo,* risée. Est passé dans la langue argotique au sens de : rigolade, rire beaucoup. C'est ainsi qu'on dira bien : « Hier soir, chez Toine, on s'est fait une risade à s'en faire péter le bédélet ». Encore : « Ce film que j'ai vu l'autre jour à la télé, qué risade ! ».

Correspond tout à fait à : partie de rire.

Rompe-cul

Nom composé à partir du provençal : *roumpé-cueù,* qui serait le proche équivalent du français : casse-gueule. Désigne une ruelle ou un sentier particulièrement escarpés et donc dangereux : « Tu vas pas passer par là, que c'est un vrai rompe-cul ». S'entend aussi sous sa forme originale.

Rompe-figue

Groupe de mots français du provençal : *roumpo-figo,* casse-figue. On devine aisément l'équivalent français : « Oh là là, il est encore là, ce rompe-figue ! ».

Rousiguer

Francisation du verbe provençal *rousiga,* ronger : « Tè, qui c'est qui veut rousiguer l'os ? », s'entend au cours d'un repas où l'on a servi par exemple un gigot.

Se dit également pour : manger un morceau, grignoter. Comme dans cet exemple : « J'ai un creux. Y a rien à rousiguer ? ».

Rouste

Nom féminin d'origine provençale qui vient du verbe : *roustir,* rôtir. Prendre une rouste, c'est recevoir une râclée : « Si tu continues, tu l'auras, ta rouste », dira le père qui s'emporte contre son enfant ». On rencontre assez souvent les verbes *« rouster »* et *« se faire rouster »* dont le sens est évident.

Roustir

Verbe provençal (rôtir) que l'on trouve au sens de *se faire avoir,* être dupe. « Je croyais faire une excellente affaire, et je me suis fait roustir comme un minot ». S'emploie aussi transitivement : « Il m'a rousti dix francs », il m'a eu de dix francs.

Ruiner

Au sens habituel de ce verbe français, les Marseillais ont ajouté : *blesser,* faire mal, détériorer. Voici plusieurs exemples de ces acceptions particulières et argotiques : « Putain, con ! je me suis ruiné la cheville ! ». Encore : « Quel emplâtre ! Il m'a ruiné la main en me la serrant ». On trouve aussi : « Il m'a ruiné le disque que j'y avais prêté ».

Pronominalement et absolument : « Je me suis ruiné » pour : je me suis fait mal, mais très mal.

S

Saint-Georges (être couvert comme)

Nom de saint très répandu dans la France en général et donc dans le Midi. On sait que le saint statufié est représenté revêtu d'un long manteau. Aussi, quand on veut parler de quelqu'un qui se couvre un peu trop pour la saison, on lui lance : « Hè bè, mon pauvre ! tu es couvert comme Saint-Georges ! ».

Santon

Nom masculin francisé à partir du provençal : *santoun,* petite figurine d'argile que les amateurs de crèches provençales connaissent parfaitement. Mais justement, le santon est tout à fait immobile. S'applique donc bien à quelqu'un de très lent et dont la balourdise gêne : « Hé, ne reste pas là comme un santon, fais quelque chose ! ». On peut employer dans le même sens : *santi belli,* ancêtres italiens des santons de Provence.

Saquètti

Nom masculin, déformation du provençal : *saquet,* sachet, petit sac. On l'utilise par dérision pour sac à main : « Et en partant, n'oublie pas ton saquètti, qué ».

Sartan

Nom provençal de la poêle que l'on emploie volontiers à l'adresse d'une *femme revêche,* faiseuse d'histoires. Peut-être par ce que le terme a donné le verbe *sartaneja,* faire une fricassée qui, pour Littré veut aussi dire : tout casser.

Correspond bien au français *mégère :* « Tu la vois encore, cette sartan ? Moi, rien que sa figure, ça me donne l'estrànssi ! ».

Bien tentant, le rapprochement entre *sartan* et *satan,* n'est-ce pas !.

Sas

Deuxième personne du singulier du verbe *saupre,* savoir, à l'indicatif présent, autre forme de *sabes.* Interjection très courante en début ou en fin de phrase : « Sas qu'elle a un caractère ! ». Encore : « Ah tu es beau, sas ! T'as vu à quoi tu ressembles ! ».

Scoumougne

Nom féminin d'origine napolitaine : *scomunica,* excommunication. Importé par des émigrés italiens, il est devenu à Marseille : scoumougne, la *malchance,* la poisse, la malédiction. Exemple : « En ce moment, j'ai rien qui marche, je dois avoir la scoumougne ».

Repris par l'argot parisien sous la graphie : *scoumoune.*

Sèbe

Interjection d'origine provençale : *sèbo,* merci, grâce. On l'entend dans la bouche des enfants lorsque, jouant, l'un d'entre eux, ayant le dessus, veut faire céder son adversaire : « Crie sèbe ! ».

Sègue

Nom féminin d'origine obscure. Etymologiquement, on trouve en provençal : *sègo,* fauchaison. Mais où serait le lien avec la *masturbation,* que désigne ce mot dans le parler populaire ? Se faire une sègue, se séguer, se taper une sègue parlent d'eux-mêmes sans qu'il soit besoin de recourir à des exemples.

Mais : « tu peux te séguer » correspond à : tu peux toujours courir !

Semblant

Synonyme de *un peu :* « Je prendrai du café, mais juste un semblant, sinon après, j'arrive plus à dormir ».

Sembler

Verbe français, équivalent du provençal : *sembla,* dont le sens est identique. Mais prend souvent aussi le sens de : ressembler à. Ainsi : « Tu trouves pas qu'il semble son père, le petit de Toinette ? ».

Sentir (se)

Verbe français employé pour : *avoir le courage de,* se juger apte à. Exemple : « Non, vraiment, je me sens pas de recommencer ».

Stàssi

Nom masculin provençal peut-être d'origine italienne qui ressemble au verbe : *stare,* être debout, immobile. Le stàssi c'est, encore une fois, le bon à rien, celui qui se laisse porter par les événements et à qui, en tout cas, il ne faut rien demander, car cela lui prendrait trop de temps pour l'accomplir : « Qué stàssi, Pascalounet, on a envie de le remuer que ça fait peine ! ».

Stoquefiche

Nom masculin provençalisé à partir du néerlandais *stockfisch,* poisson séché. Ainsi traité, l'animal est plat ; il s'adresse bien à quelqu'un dont la maigreur est inquiétante : « Qué régime ! Et mange, fadade ! Tu vois pas que tu ressembles à un stoquefiche ! ».

Sùpi

Mot provençal : seiche, qui se dit également *sèpi* et *sùpio. Faire des yeux de sùpi,* c'est afficher un regard langoureux. Comme les yeux de merlan frits, en français : « Tu crois que je t'ai pas vu lui faire tes yeux de sùpi, à la petite brune ! ».

Le diminutif *supion* est couramment employé, en terme de cuisine.

T

Tabernacle

Bien malin qui pourrait dire comment cet accessoire religieux en est venu à désigner un individu insupportable par son apathie, sa lourdeur et son manque de réaction : « Un tabernacle pareil, moi, ça me met les nerfs en boule ».

Tafanàri

Nom masculin provençal qui désigne le fessier, surtout quand il est d'importance : « Elle a un de ces tafanàri qu'elle a de quoi s'asseoir ! ». On le compare volontiers à l'Arc de Triomphe de la Porte d'Aix à Marseille : « Elle a un tafanàri grand comme la porte d'Aix ».

Talon (taper du)

Nom masculin français. S'inclut dans la locution : taper du talon, *être fier,* surtout en parlant d'une femme : « Tu as remarqué comme elle tape du talon depuis qu'elle a réussi au permis de conduire ? ». Synonyme : taper du pied.

Tanquer

Forme francisé du verbe provençal : *tanca,* enfoncer. On dit : « Il te lui a tanqué une baffe que je te dis que ça ! ».

Se tanquer, c'est l'équivalent du français se planter, au propre comme au figuré : « Ils se sont tanqués dans la boue ». Ou bien : « Il s'est tanqué comme un niston à son examen ». « Putain, qu'elle est tanquée ! » se dira d'une femme bien cambrée, bien proportionnée.

Tant

Aux sens habituels de cet adverbe français, les Marseillais en ont ajouté deux : peut-être, si ça se trouve, il n'est pas impossible que : « Tant, je viens à la mer avec toi, si j'ai plus rien à faire ». Avec *comme,* indique l'intensité : « Au lieu de rester enfermé, tu devrais venir te promener, tant comme il fait beau, aujourd'hui ! ».

Tante Rose

Nom propre utilisé par euphémisme pour dire qu'une femme a ses *menstrues :* « En ce moment, elle est fatiguée, la pauvre, elle a Tante Rose ».

Taper (là-dessus)

Locution que l'on emploie pour parler de quelqu'un dont la conversation tourne toujours autour du même sujet, surtout s'il s'agit de se plaindre sur son sort. Ou qui fait une fixation sur une idée, une préoccupation qui l'inquiète : « On a beau y dire que c'est pas vrai, qu'il est pas malade, y a rien à faire, y tape là-dessus et après, boudie ! qué brègues ! ».

Tarasque

Nom féminin formé sur le nom propre *Taràsco,* monstre fabuleux, sorte de dragon qui était censé effrayer la population de Tarascon, d'où il tire son nom. On l'emploie à l'adresse d'une femme qui a mauvais caractère et qui ennuie le monde, le houspille, l'agresse : « Tu vas quand même pas te mettre en ménage avec cette tarasque ! ».

Tarraillettes

Nom féminin provençal francisé formé de *terràio,* poterie, vaisselle de terre. On trouve encore fréquemment sur certains marchés de Marseille et de toute la Provence, de petits ustensiles de cuisine en terre destinés aux enfants. Il n'est pas rare d'entendre ce vocable pour tout ce qui concerne la vaisselle pour jouer, même en matière plastique : « Man, tu m'achèteras des tarraillettes pour ma poupée ? ».

Tartifle

Nom féminin francisé à partir du provençal *tartiflo,* la pomme de terre : « Et si on faisait des tartifles, avec le gigot, ça changerait un peu, non ? ». On l'utilise par plaisanterie.

Tavan

Nom masculin provençal : *taon.* Se trouve surtout dans le groupe : *tavan merdassié,* taon qui... agace à force de tourner autour. S'applique également à un individu qui harcèle : « Il est gonflant, ce minot, à toujours réclamer quelque chose, c'est un vrai tavan merdassié".

Tchào

Interjection d'origine italienne : *ciào,* qui désigne un salut très familier. Importée par les immigrés italiens, elle est abondamment usitée par les Marseillais quand ils se rencontrent ou se quittent : « Allez tchào, à demain ». A noter l'orthographe phonétique.

Tchatcher

Ce verbe et son substantif *tchatche* ont été largement répandus par les Français d'Algérie chez qui ils avaient été importés par des Méridionaux. Eux aussi « rapatriés », ils connaissent depuis, une carrière argotique d'ampleur nationale.

Tchatcher vient du provençal *cha-cha,* le chant de la cigale. Les stridulations lancinantes et répétitives de l'insecte fétiche de la Provence ont ainsi été transposées à un bavardage incessant et plutôt futile : « Moi, je l'aime bien, Fèli, mais il a une brave tchatche ! ».

Et pourquoi pas : « Quand la mère Thatcher tchatche à la Chambre des Communes... ».

Tchoutchou

Adaptation locale du napolitain *ciùccio,* âne. S'emploie par moquerie, au même titre que son équivalent français : « Ça m'étonne guère, qu'il ait cassé le beau vase que tu lui avais offert ; avec un tchoutchou pareil, ça pouvait pas se passer autrement ».

Tè

Interjection formée à partir de *« tei »* impératif présent à la deuxième personne du singulier du verbe provençal *téni,* tenir. On la rencontre fréquemment en début de phrase : « Tè, il est encore là, çui-là ? » pour exprimer la surprise ; ou seul, accompagné le plus souvent d'un geste obscène : « Que je te prête des sous ? Tè ! ». En bon français : tiens, prend ça, tu peux toujours courir. Fréquemment associé à *vé,* le groupe ainsi formé (tè vé) correspond au français : tiens, regarde, dont il est la transcription littérale : « Tè vé, je te l'avais pas dit ? ». On l'emploie aussi quand on rencontre une connaissance : « Tè vé, Marius, ça alors ! ».

Tenir (ne pas en)

Locution verbale qui, dans le vocabulaire des petits commerçants, correspond à : *se vendre bien,* en parlant d'une marchandise que la clientèle s'arrache. Ainsi : « Du saucisson comme vous m'avez pris hier ? Je risque plus d'en avoir ! Il est tellement bon que j'en tiens pas, en ce moment ; mais je vais en recommander ».

Une personne maladroite qui casse facilement et involontairement, dira bien, comme cette ménagère incorrigible : « Les douze jolis verre en cristal qu'on me les a offerts quand je me suis mariée, je sais pas comme je me débrouille, j'en tiens pas ; il m'en reste plus que deux, tu te rends compte ! ».

Testard

Adjectif provençal correspondant au français *têtu,* mais avec plus de force : « Testard comme il est, ça m'étonnerait qu'il accepte ». On trouve aussi le diminutif : *testardon,* qui ne signifie pas moins.

Teston

Mot formé sur le provençal *testo,* tête. S'emploie pour « grosse tête » : « Hè bè, qué teston il a, depuis qu'il passe à la radio ». *Testasse* est encore plus fort : « Il a une testasse qu'on se demande comme il peut mettre un chapeau dessus ».

Tête fraîche

Nom et adjectif français utilisés dans la locution : avoir la tête fraîche. C'est ce qu'on dit à quelqu'un qui n'a pas de soucis, qui ne s'en fait pas, surtout en opposition avec soi quand on est assailli d'ennuis : « Ah ! tu as de la chance, toi, tu as la tête fraîche ; si tu étais à ma place ! ».

Tétés

Nom masculin pluriel, diminutif de *tétons.* S'emploie familièrement et surtout dans le langage enfantin pour désigner la poitrine d'une femme : « Dis, M'an, pourquoi elle a de gros tétés, la dame ? ».

Tian

Nom masculin provençal : *bassine en terre.* En fait, désigne par extension tout récipient de terre et à larges bords utilisé pour la lessive ou pour la cuisine : « T'as vu, il s'est tapé tout un tian de daube ! ».

Tintidret

Adaptation cocasse du provençal : *ten-ti dret,* tiens-toi droit ; ordre que l'on donnait aux enfants qui se tenaient plutôt mal. Le substantif s'adresse à quiconque manque de sagacité, fait preuve d'une certaine niaiserie : « Le gàrri à Momon, sas que c'est un brave tintidret ! ».

Toc

Nom masculin provençal : *morceau.* On a longtemps pensé que ce mot était une altération de l'anglais : stock, mais, en fait, on le trouve dans l'œuvre de Mistral, sous la forme indiquée ci-dessus : « C'est une tarte que tu manges ? Tu m'en donnes un toc ? ».

Tomber

Verbe français que les Marseillais (et en général tous les Méridionaux) utilisent avec l'auxiliaire avoir : « Il y avait du verglas, j'ai glissé et j'ai tombé ». On dit aussi tomber quelque chose : « Il a tombé le vase et il s'est cassé », sous-entendu : le vase.

Tòti

Adjectif provençal qui équivaut au français : *imbécile,* mais avec une nuance indiquant une balourdise difficilement supportable. Le tòti, c'est le bon à rien, l'incapable, celui qui ne sait pas se débrouiller : « Allez, vaï, je vais lui faire sa déclaration d'impôts, parce que tòti comme je le connais, il va encore faire que des cagades ».

Toupin

Nom masculin provençal : *pot de terre* à deux anses ou à manche réservé à divers usages. Est entré dans une expression courante pour signaler la surdité d'une personne : « Parle-y plus fort, tu vois pas qu'il est sourd comme un toupin ! ». Dans le même sens, le français dit bien : sourd comme un pot.

Tourmente-chrétien

Locution d'origine provençale, dont l'étymologie est plus justement : *tourment de chrétien.* Désigne une personne turbulente, irritante en permanence : « Ton petit, il est peut-être bien brave, mais comme tourmente-chrétien, il se pose un peu là ».

Tourner

A Marseille, on ne mélange pas le sucre à une boisson quelconque à l'aide d'une petite cuillère, on tourne : « Tè, voilà ton café ; j'y ai mis deux grains, t'as plus qu'à le tourner ».

Tourne-vire

Groupe fantaisiste formé du français *tourner* et du provençal *vira,* dont le sens est parfaitement identique.

Ce curieux assemblage est usité pour dire qu'il est vain d'hésiter, de tourner en rond : « Les chaussures qui me plaisent, je les ai trouvées rue Saint-Fé, mais j'ai voulu voir ailleurs quand même. A la fin, tourne-vire, je suis revenu au premier magasin, c'est là qu'elles sont le mieux et le moins cher ».

Trempe (être)

Interprétation locale et pittoresque du français populaire : être trempé, au sens d'être mouillé soit par la pluie soit par un excès de transpiration : « J'ai couru tout le long, c'est pour ça que je suis trempe ».

Trente et un, trente deux

Locution typique de certains quartiers de Marseille, notamment la Belle-de-Mai et Menpenti ou le Panier, hauts lieux des petits voyous du temps jadis. S'emploie pour dire que rien n'a d'importance : qui vivra verra. Exemple : « Ma femme m'a quitté ? Tè hè, trente et un trente deux ».

Faut-il voir dans ce groupe une référence au 32 du mois qui, n'existant pas, conviendrait bien pour évoquer une éventualité irréalisable ? Ou un mot de passe de société plus ou moins secrète, ou simplement de tripot clandestin ? On peut se poser la question puisque la formule complète est : trente-et-un, trente-deux, et que le dernier ferme la porte.

Tromblon

Nom masculin : *court fusil* dont le canon est évasé ; en usage en Italie, au siècle dernier surtout. En parler marseillais, désigne une femme aux formes dysharmonieuses : « Qu'est-ce qu'elle est tromblon, la petite Panisse ! ».

Pour un homme, prend le sens de : pas sérieux. Ainsi : « On peut rien lui demander, à ce tromblon! ».

Trompe-couillon

Synonyme du français *attrape-nigaud :* « Le dernier livre de *Machin,* qué trompe-couillon ! ».

Tron

Nom masculin provençal : *tonnerre.* Est utilisé sous des formes diverses associé à d'autres mots tels que dans l'expression : *tron de l'air,* qui s'applique à une personne particulièrement dynamique, qui emporte tout sur son passage, mais pas forcément de manière négative : « Il a une femme, je te dis que ça, c'est un drôle de tron de l'air ». La forme : *tron de Dieu,* se rencontre également mais moins fréquemment, semble-t-il. On entend aussi : *troun,* forme provençale.

Tronche d'àpi

Nom féminin, argot marseillais dont le premier terme se dit partout en France. Mais suivi de : *d'àpi,* n'a pas bougé des rives méditerranéennes. Insulte : « Oh ! tronche d'àpi, je te croyais à la pêche ». Le mot *àpi* désigne le céleri, en provençal.

Troufignas

Manière triviale, quoique fort imagée, de désigner le fondement. Vient du provençal : *troufignoun,* même sens, et admirablement repris par l'argot national sous la forme *troufignon.* S'emploie souvent au figuré : « Tè, je l'ai encore eu dans le troufignas ». Bien prononcer l'S final.

V

Vadrouille

On trouve en français : vadrouiller, promener sans but précis, et vadrouille, cette promenade. Mais en parler de Marseille, est *vadrouille* quiconque pratique cet exercice avec exagération : « Il est jamais chez lui, ce vadrouille ». Ou encore : « qu'est-ce qu'il est vadrouille, toujours à cavaler à droite et à gauche ».

Vaï

Impératif du verbe provençal : *ana,* aller, à la deuxième personne du singulier. Interjection qui fait doublet avec le français : allez, et qui veut dire strictement la même chose : « Allez vaï, c'est pas vrai que tu as gagné au loto ! ». La formule s'emploie parfaitement chaque fois que le français se contente d'un simple : allez.

Vé

Deuxième personne de l'impératif du verbe provençal *vèïre,* voir. Est usité en interjection : « Vé, il est arrivé ! ». Est fréquemment précédé de : tè (voir ce mot). Se dit bien pour : regarde , quand on veut insister.

Venir

Verbe français employé abusivement pour *devenir :* « Il vient beau, le petit de Marcelle, tu trouves pas ? ». Pour les légumes ou les fruits, le jardinier dira : « Plante plutôt des poireaux, c'est ce qui vient le mieux ». Soit : c'est ce qui pousse le plus facilement.

Verdaù

Nom masculin provençal dont l'origine est l'adjectif *verdaù,* verdâtre, glauque. On s'en sert pour décrire un crachat large et visqueux, veiné de vert : « Dans la rue, j'ai vu un counas qui a balancé un de ces verdaùs, quelle horreur ! ». Désigne, plus agréablement, un melon vert.

Viei

Adjectif provençal : vieux. Est resté dans l'expression : *se fan viei,* on se fait vieux. Formule que l'on emploie dans le cours d'une conversation banale : « Bè, à part ça, se fan viei ». Ou encore en réponse à une plainte sur son état de santé : « Qu'est-ce que tu veux, c'est comme ça, se fan viei ! ».

Vier

Nom masculin désignant dans un langage très grossier le *membre viril.* Déformation du français *vit,* du latin *vectis,* barre. S'emploie pour dire qu'on en a plein le dos de quelque chose ou de quelqu'un : « Et mon vier ! T'as qu'à le faire, toi ! ».

Vier d'âne (du provençal *vié d'ase,* sorte d'aubergine) est une insulte grossière : « O vier d'âne, tu t'amènes ? ».

Faire des viers, c'est faire des manières ou chercher querelle.

Vierge

Nom propre que les Marseillais emploient par simplification pour désigner la basilique de Notre-Dame-de-la-Garde : « Il fait beau, aujourd'hui, si on faisait un tour à la Vierge ».

Ville (en)

Les Marseillais ne vont pas faire leurs emplettes dans le centre, mais ils descendent « en ville », même s'ils n'en sont pas éloignés : « J'ai marché tout l'après-midi en ville, que ça m'a complètement relégué, tant y avait du monde ».

Viole

Nom féminin tiré du provençal ancien : *viòla,* instrument de musique à cordes. Si le son mélodieux a pratiquement disparu, le mot subsiste au figuré pour désigner une personne qui répète toujours la même chose, dont l'infatigable bavardage est un douloureux radotage : « Qué viole ! Mais elle arrêtera donc jamais de parler ! ».

Virer

Verbe francisé à partir du provençal :*vira,* tourner. Sur la route, on dira : « Tu vires à droite et puis tu prends la première à gauche ». Dans cet exemple : « Continue comme ça, et je te vire la tête devant derrière », on comprend qu'il s'agit d'une gifle magistrale capable de retourner la tête de celui à qui la menace s'adresse.

La forme provençale : *tant qué viré faï des tours,* subsiste pour définir l'attitude d'une personne qui hésite sur un parti à prendre, qui tourne en rond, au propre comme au figuré. C'est une façon de se moquer de ses tergiversations.

Vire-vire

Nom masculin tiré du provençal : *viro-viro,* mot-à-mot : tourne-tourne. C'est le nom que les petits Marseillais donnent aux manèges de chevaux de bois : « Oh Man, tu me payes un tour de vire-vire ? ».

Avoir le vire-vire c'est avoir la tête qui tourne : « Elle barjaque tellement que ça me donne le vire-vire.

Voïe

Du provençal *voio,* entrain, dynamisme : « Depuis quèque temps, je sais pas ce qu'il a, le pauvre, mais il a pas la voïe ».

Voile (con à la)

Locution méprisante à l'usage de tous ceux que l'on considère comme des imbéciles. Son origine est : *con la vela,* avec la voile. Terme par lequel certains Italiens émigrés à Marseille expliquaient comment ils étaient venus : par mer. Volontairement mal entendu, *con la vela* a donné l'expression que l'on sait : « C'est un vrai con à la voile », c'est un abruti complet.

Volume (être à)

Locution convenant parfaitement pour désigner quelqu'un de trop actif, remuant et bavard : « J'ai gardé le petit de Mireille, cet après-midi, qu'est-ce qu'il est à volume ! Il m'a escagassée ! ».

Vouais

Déformation marseillaise de *« Ouais »* lui-même forme populaire et familière de « oui » : « Eh vouais ! j'arrive, t'énerve pas, oh ! ».

Souvent augmenté en *« voueille »* très appuyé, pour marquer l'agacement dans une réponse à une question trop insistante : « Hé vouieille, oh ! j'arrive ! Tu vas pas me gonfler encore longtemps comme ça, dis ! ».

Vouloir

Verbe français usité à la place de : *aimer,* comme cela existe en italien ou en espagnol. Mais s'emploie exclusivement au conditionnel précédé du pronom indéfini *on* : « Elle est mignonne qu'on la voudrait toute ». En français : on la croquerait.

W

Wagon

Nom masculin d'origine anglaise dont les Marseillais font un usage excessif à la place de : *tas, amas,* grand nombre. Fait doublet avec *moulon,* qui signifie la même chose : « Il lui a encore offert un livre ? Mais il en a des wagons ! ».

Z

Zè

Diminutif du prénom provençal : *Joùseù ;* Joseph. Est très utilisé de façon familière quand on aborde quelqu'un que l'on connaît bien ou même quelquefois à peine : « Oh Zè, qu'est-ce que tu fais là ? ».

Dans ce sens, est un synonyme fréquent de : gàrri, jeune, l'oncle, etc.

Zize

Diminutif du prénom *Louise* et de ses dérivés. On l'utilise de façon amicale, affectueuse et familière à toute fille ou jeune femme que l'on connaît bien : « Dis, ma belle Zize, tu viens avec nous ce soir, manger des coquillages chez Mèu ? ».

Zoù

Interjection. Certainement la plus entendue dans la bouche des Marseillais qui s'en servent pour entraîner à l'action : « Allez zou, on y va ? ». Correspond au français : *sus !*Le groupe « allez zou maï », ne veut rien dire d'autre que : « Allez, ça y est, ça recommence ». Par exemple : « Allez zou maï ! il est encore enrhumé ».

Diminutifs

Quelques diminutifs de prénoms couramment employés :

Dèdou : André
Doumé : Dominique (forme corse)
Fèli : Félix
Loule : Louis
Mémé : Barthélemy
Mèu (ou Mius) : Marius
Nono : Jean, Jeannot
Sissou : Francis
Titin : Baptistin, Augustin...
Toinou : Antoine
Zé : Joseph
Zézette : Josette
Zize : Louise

Phrases typiques

S'il est vrai que les Marseillais maltraitent allégrement les règles de la grammaire française, il ne faut pas leur en vouloir. En fait, ils ne font que transcrire la syntaxe provençale. Autres libertés : la prononciation. Voici quelques exemples de ces phénomènes :

—C'est moi que je te le dis.

—L'homme que je t'ai parlé, hè bè il est mort ce matin.

—Il s'est acheté l'auto qu'il avait envie.

—Elle est belle, la montre que tu m'as fait cadeau.

—Fais bien entention en traversant la rue.

—Passez-y la cueuillère.

—Va t'assir là-bas et ne bouge plus.

—Si tu viendrais demain, ça serait bien.

—Tè vé, elle a sorti à peine.

—Dis-moi qu'est-ce que tu veux.

—J'ai eu beau y espliquer les choses, hè bè, il s'est même pas escusé.

—Parles-y-en, ça s'arrangera, vai.

—Je l'ai rencontré en plein miyeu de l'escaier.

—L'avillon, c'est plus rapide que le camillon, même si y a pas de peuneus.

—Je suis venu à l'hasard.

—Quante tu iras à ta mère, dis-y des choses de ma part.

—Ça y est, on leur a mis une ascenseur.
—Qu'est-ce qui fait chaud, aujourd'hui !
—Y a sa petite qu'elle l'a quitté, peuchère !
—Y faudrait que je le voille.
—Pourvu que tu soilles propre !
—Le chien que son maître il est docteur, il est de pure race.

APPENDICE

En guise de conclusion, ce petit jeu... de mots marseillais, histoire de contrôler nos connaissances encore toutes fraîches.

Parce qu'il restait au Racati, un quartier populaire de la Marsiale, Mèu se croyait obligé de se donner des airs de càcou. Mais dans le fond, c'était un brave petit. Le pauvre minot s'escagassait aux dattes pour gagner quelques sous. Sa vie n'était pas facile ! Le matin, avec tant d'autres, il était esquiché dans le tram, un vieux véhicule qui datait de l'an pèbre. Le soir quand il rentrait, c'était déjà l'heure des brousses.

Mais il avait du bonheur grâce à Zize, une brave minotte qui faisait des ménages chez des fiòlis plutôt rascous. Son salaire lui permettait tout juste de se payer des regardelles. Elle savait bien qu'elle se faisait escaner ; alors elle s'était trouvé une gâche chez l'épicière de son quartier, près de la Canem. Cette grosse daubasse lui demandait seulement de passer la pièce sur les mallons une fois ou deux par semaine. C'était guère fatigant , sauf qu'il y avait pas l'eau à la pile ni de pigeonne pour nettoyer.

D'ailleurs, l'appartement de la commerçante, une vraie bazarette, était un infâme cafoutchi. Pour aller au pàti, il fallait aller au fond de la cour, c'est dire !

L'épicière était une sartan qui arrêtait pas de déparler sur la petite, disant à qui voulait l'entendre que c'était une vraie cagole. Mais les gens n'étaient pas dupes ; ils se doutaient bien que la plus radasse des deux, c'était l'épicière. Elle n'était guère aimée de ses clients qui lui reprochaient de ne pas leur faire le bada. En plus, elle faisait toujours un mourre de six pieds de long. A cause de ses brègues, son magasin était de moins en moins visité. Alors, pour se venger, elle disait que les clients c'étaient tous des counas ! De plus, cette tarasque s'adressait à Zize en termes peu flatteurs. Elle l'appelait ratepenade, vu que Zize, c'est vrai, était une vraie esquinade : « Mais je préfère mieux être un bacala qu'une bòfi comme elle » plaisantait volontiers la petite.

Sa plus grande joie, c'était de retrouver son Mèu, quand celui-ci avait fini le travail : « Où il est mon grand couillon qui me fait virer la tête ? », disait-elle en le badant. Lui, il faisait bien un peu la bèbe, mais très vite il se reprenait : « Tu es ma chichourlette » lui murmurait-il à l'oreille et Zize, elle en était tout estransinée.

A part Mèu, Zize n'avait personne dans la vie qu'un vieux chat rasqueux ; sa mère, qui avait été bien fatiguée, était morte depuis quelques mois et des fois ça la bouléguait encore toute. Mais comme c'était pas une grosse pénible, elle rouscaillait jamais. Et ça, Mèu, il appréciait.

Parce que pour lui non plus c'était guère gai. Son père était un vieux fadòli, un pistachier pas possible qui passait son temps à chimer des pastagas et avec ça feignant comme c'est pas permis. La seule joie de Mèu c'était de fréquenter et de retrouver sa nine. Dès qu'ils pouvaient, les calignaïres s'esbignaient derrière une bastide en ruines, au sommet d'un rompe-cul en plein cagnard. Et là, ils se faisaient des bonnes manières. Même que les gens disaient que la petite, elle avait vu péter le loup. Mais vous savez ce que c'est, les gens ils barjaquent sans savoir : « Vivement qu'on soit maridas » soupirait Mèu quand ils revenaient du balletti, le samedi soir. Et la petite elle répondait : « Vouais, je languis ! »

Les futurs novis, ils s'aimaient beaucoup. Mais des fois, Mèu il était gonfle. Par exemple, il aimait pas quand Zize l'appelait « mon gàrri » ; il trouvait que ça faisait minot. Surtout qu'il se prenait pour un balès. Il aurait voulu qu'elle le trouve chanu. En vrai, c'est ce qu'elle ressentait, mais elle avait honte de le lui dire. Et quand elle voyait qu'il était un peu glandé, elle, elle était gonfle.

Mais c'était pas grave. Finalement, Mèu il a marié Zize, et depuis ils ont trois caganis que c'est des drôles de trons de l'air !

Achevé d'imprimer en octobre 2009 par Corlet, Imprimeur, S.A. - 14110 Condé-sur-Noireau
N°d'Imprimeur : 124467 - Dépôt légal : juillet 2007 - *Imprimé en France*